OS LIMITES DA POLÍTICA

JOSÉ ARTHUR GIANNOTTI E
LUIZ DAMON SANTOS MOUTINHO

Os limites da política
Uma divergência

COMPANHIA DAS LETRAS

Copyright © 2017 by José Arthur Giannotti e Luiz Damon Santos Moutinho

Grafia atualizada segundo o Acordo Ortográfico da Língua Portuguesa de 1990, que entrou em vigor no Brasil em 2009.

Capa
Carlos Di Celio

Preparação
Cláudia Cantarin

Revisão
Carmen T. S. Costa
Luciane Gomide

Dados Internacionais de Catalogação na Publicação (CIP)
(Câmara Brasileira do Livro, SP, Brasil)

Giannotti, José Arthur.
    Os limites da política : uma divergência / José Arthur Giannotti e Luiz Damon Santos Moutinho. — 1ª ed. — São Paulo : Companhia das Letras, 2017.

    ISBN 978-85-359-2959-1

    1. Ensaios políticos 2. Filosofia marxista 3. Filosofia política I. Moutinho, Luiz Damon. II. Título.

17-05720   CDD-320

Índice para catálogo sistemático:
1. Ensaios políticos   320

[2017]
Todos os direitos desta edição reservados à
EDITORA SCHWARCZ S.A.
Rua Bandeira Paulista, 702, cj. 32
04532-002 — São Paulo — SP
Telefone: (11) 3707-3500
www.companhiadasletras.com.br
www.blogdacompanhia.com.br
facebook.com/companhiadasletras
instagram.com/companhiadasletras
twitter.com/cialetras

Sumário

SOBRE ESTE LIVRO 7
PREFÁCIO 9
A CONTRADIÇÃO RENOVADORA 15

1. A violência da vitória: o caso grego 19
2. O terror revolucionário 25
3. Dispositivos da dominação 31
4. Diálogo com o marxismo 42
5. Para melhor compreender a decisão política 55
6. Para terminar sem concluir 68
7. A política de Giannotti, *por Luiz Damon Santos Moutinho* 73
8. Resposta a Luiz Damon, *por José Arthur Giannotti* ... 115
9. Tréplica a Giannotti, *por Luiz Damon Santos Moutinho* ... 141
10. E la nave va, *por José Arthur Giannotti* 151

APÊNDICE: CONTRA-DICÇÃO 153

Sobre este livro

Esta obra nasceu de um raro encontro. Luiz Damon Santos Moutinho, instigado pelo alcance e profundidade do pequeno e-book de Giannotti, *A política no limite do pensar* (Companhia das Letras, 2014), partiu para investigar as raízes de certas ideias do autor e acabou escrevendo um ensaio em que pretende refletir sobre as balizas em que aquela política se assenta. Giannotti descobriu ali a oportunidade de expandir suas próprias ideias, acentuar ou corrigir algumas.

Um debate se formou, com réplicas e tréplicas, em que os contendores se viram diante da dificuldade de pensar uma questão que a todos atormenta: *como a democracia deve se haver com uma economia que provoca riqueza gerando desigualdades insalubres?* E outras questões se desdobram: há ainda uma "herança marxista" a ser preservada, mesmo depois do esgotamento das economias que tentavam dispensar o mercado? Pode o pensamento propriamente científico enfrentar um desafio que está diretamente ligado ao nosso destino? No horizonte, a difícil questão de saber qual o lugar da política em nossas modernas sociedades capitalistas e *de que política se trata*. Por vias tortas e diretas, é isso que o leitor encontrará aludido no texto agora publicado.

Os autores

Prefácio

Este é um texto de intervenção. Não é um artigo que segue os padrões atuais da grande imprensa, em que não se pode ir muito além de 6 mil caracteres, o que limita, e muito, o espaço da reflexão. Também não é um livro em que os problemas podem ser analisados e revisados para que possam demarcar seus terrenos de validade. Trata-se de um ensaio que visa diretamente questionar modos tradicionais de pensar a política, levando em conta certos ganhos que a lógica contemporânea logrou, principalmente a partir dos trabalhos de Frege e de Russell e da crítica minuciosa de Wittgenstein.

Política é disputa pelo poder. Assim enunciadas, essas palavras dizem pouca coisa, e não raro embaralham os problemas. "Disputa" é entendida de diversas maneiras, mas, tanto à esquerda como à direita, principalmente como contradição. No seu sentido estrito, a contradição, como junção de uma proposição e sua negativa, bloqueia o pensamento, porquanto, sendo posta, dela se pode deduzir qualquer sentença. Hegel faz dela o núcleo de qualquer devir, mas para isso pensa o ser e o nada se determinando mutuamente vindo a ser a partir dessa tensão. Ao pensar a luta de classes como uma contradição, Marx se ajusta a esse modelo. Somente assim pode ver nos conflitos do capital e do trabalho um vetor que os supere e conserve suas potencialidades, criando outra figura que abriria uma nova época da história. No entanto, se a contradição é uma figura do discurso, como ela pode penetrar todo o real? Somente se ambos, o discurso e o real, tiverem a mesma estrutura.

Marx nunca poderia aceitar esse "idealismo". Contudo essa recusa deixa uma sobra no seu pensamento político. A passagem do capitalismo para o socialismo demanda a destruição do Estado, que no fundo é a imagem das relações capitalistas posta a serviço delas, e a substituição da política pela organização racional dos assuntos humanos. O resultado, como sabemos, foi o terror revolucionário, cada vez mais terror quando se tornava menos revolucionário.

Contrapondo-se fervorosamente ao marxismo, o jurista alemão Carl Schmitt também pensou a política como uma contradição, aquela entre amigos e inimigos, que articularia os homens antes mesmo que o Estado se organizasse como instância do poder — contradição que se resolve quando os amigos se aglutinam num soberano, aquele capaz de decidir os casos de exceção. Nada mais natural então que aderisse ao nazismo.

Obviamente não tracei mais do que a caricatura desajeitada dos problemas que pretendo estudar. Mas é o caminho mais rápido para sublinhar que, ao partir da contradição para tentar entender a política, abre-se uma brecha que pode encaminhar a decisão para o lado do terror. Compreende-se, assim, por que alguns autores, procurando evitar esse caminho, mergulham ou na solução bem ajustada do comportamento racional em vista dos fins dados ou nos equilíbrios do contrato social. No entanto, mudamos de patamar se levarmos em conta que os conceitos de contradição e de decisão ganham novo sentido depois do tsunami que atingiu a filosofia no século xx. Aliás, a história da filosofia não é a narração dessas grandes avalanches? De um lado, a fenomenologia heideggeriana retoma o conceito de práxis, ao dar enorme ênfase às questões relativas à decisão, entendidas muito mais como abertura para o Ser do que atividade meramente humana. E a abertura para o Ser é configurada pela linguagem. De outro lado, Wittgenstein, ensinando que o sentido das palavras se articula nos seus usos, passa a estudar a contradição no nível das linguagens cotidianas. Definida formalmente, ela vale tão só para os sistemas formais, deixando na sombra seu funcionamento nos vários níveis do contradizer. Nesse novo universo, a contradição assume um significado, o que não acontecia na lógica formal enquanto ela manteve a matriz aristotélica. E, provida de significado, ela nos encaminha para um novo questionamento da política.

Este último ponto é tratado no Apêndice, que se ocupa particularmente de Wittgenstein. Seria melhor que fosse lido como introdução, mas, considerando sua relativa dificuldade, talvez seja conveniente mordê-lo no final. A dificuldade é que esse texto está sempre presente.

Convém indicar àqueles poucos amigos que me têm lido no decorrer dos anos o salto que este novo texto pretende dar. Até agora não tinha me dado conta do alcance do potencial explicativo que ganha a contradição quando assume um sentido. Em vez de se reduzir à conjunção de um signo proposicional e sua negação, ela passa a articular um ato de negação que se nega num determinado jogo de linguagem. Consiste numa "atividade" de contradizer que, se não exprime algo, não deixa de *exteriorizar* o bloqueio de duas atividades expressivas, as quais incitam uma decisão que, como tal, abre novas formas de exprimir, propiciando um novo jogo de linguagem e novos procedimentos de juízos.

Muitas vezes, inspirado em Carl Schmitt, já me referira à política como o conflito entre amigos e inimigos, mas como um dado que me obrigava a pensá-la até suas raízes, quando os agentes se defrontam dispostos a arriscar a própria vida. Agora essa oposição vem a integrar a essência da política, ou melhor, determina uma regra a ser obedecida pelos agentes para que eles próprios se tornem políticos. Procuro agora descrever o jogo de linguagem que articula a política, descrever a sua gramática. Procedo, pois, a uma análise conceitual.

Ao ser vista como contradição significativa, a luta entre amigos e inimigos passa a *exteriorizar* uma comunidade entre eles, uma mesmidade, que, embora não seja algo *pressuposto*, não é um nada. Vem a ser graças ao comportamento que os agentes exteriorizam quando, no limite, se dispõem a morrer para manter suas formas de vida ameaçadas por outros. Pensando esse modo, livro-me da tradição grega que considerava a política *na* polis ou, na mesma linha, *no* contrato social, *na* imaginação, *no* Espírito Absoluto, *no* ser genérico do homem, e assim por diante. Noutras palavras, deixo de ser obrigado a supor que a política se realiza numa sociedade já pronta para poder pensá-la como o que apronta a sociedade para novas decisões.

Além do mais, se a contradição é quebrada pela decisão, esta não nasce tão só de um ato criador totalizante, mas da instalação de novos jogos de linguagem que abrem o espaço para poder dizer o sim, o não, assim como para recuperar certas bases indubitáveis que amigos e inimigos possam aceitar. Por isso, a contradição política melhor se resolve na democracia, quando os representantes de cada grupo performam suas representações levando em consideração a atividade dos inimigos.

Visto que a comunidade política se constitui tendo no horizonte a contradição em processo entre amigos e inimigos, ela perde qualquer base objetiva ou subjetiva. Não se apoia num povo que legisla por e para si mesmo, dotado de um poder constituinte, ou que recolhe uma tradição projetando-a para o futuro. Também não se constitui por sujeitos dotados de direitos, sejam eles conferidos pelo Estado, seja pelo simples fato de todos serem humanos. Ainda menos pelo direito de ter direitos. Embora minha investigação se associe aos autores que tentam pensar a constituição do sujeito político além dos limites do Estado moderno, não é por isso que procuro o terreno firme de uma polis ou de uma subjetividade. Ao admitir que o próprio sujeito político se constitua mediante suas diversas exteriorizações, não sou obrigado a supor algo que o determine, a não ser o próprio modo de se exteriorizar de encontro ao inimigo. Desse modo, não é a própria contradição *in fieri* que delimita o espaço em que os juízos e as decisões políticas se articulam? Num regime ditatorial, o inimigo, depois de ser identificado, tende a ser eliminado. Num regime democrático, o inimigo, reconhecido no horizonte, passa a ser reiteradamente neutralizado, criando assim um novo espaço para que se mantenha a oposição entre adversários e aliados. Nessas condições, porém, tudo trabalha para que a contradição se torne opaca, deixando lugar para que tão só opere a governança do cotidiano. Sem a possibilidade de morte no horizonte, o futuro se oculta.

Nos últimos tempos, tenho tido a sorte de ter meus textos balizados por Luciano Codato, Luiz Henrique Lopes dos Santos, Márcio Sattin e Marco Zingano. E este revisado agora por Cláudia Cantarin. A todos, meus agradecimentos.

São Paulo, julho de 2014

A contradição renovadora

Nem todos os sentidos de uma ação política podem ser apreendidos pelos métodos científicos. Estes formam hipóteses sobre causas e sentidos da ação, as quais devem ser verificadas para que possam integrar uma teoria. A teoria explica fatos *dados* ou que podem acontecer segundo a lógica de tais dados; fatos que já se colocam numa dada região do ser. Não é por isso que pensa os fatores reais como variáveis? Mas uma declaração de guerra, por exemplo, só se torna objeto de ciência depois de proclamada. Cientistas e analistas podem prevê-la, conforme o conhecimento que possuem da situação, porém o ato de declará-la consiste numa decisão, numa *escolha* entre várias soluções possíveis do conflito, a que em geral correspondem vários esquemas explicativos possíveis lutando para serem aceitos. Costuma-se imaginar que o progresso das ciências irá decidir qual será a explicação validada. Entretanto, por trás dessa crença da progressão linear da explicação científica reside a crença de que os acontecimentos seguem leis naturais como se fossem trens que pudessem continuar andando até o infinito em trilhos paralelos. A linguagem científica seria como papel-carbono que recolhesse os pormenores do real *positivo*, sem introduzir uma perspectiva eminentemente sua.

Para compensar esse ultrapositivismo, filósofos costumam ensinar que, além das causas, existem valores, parâmetros daquilo que deve ser. E o valor não é uma causa precisamente porque, segundo sua própria natureza, não precisa ser seguido. Um chefe de Estado se vê forçado a declarar guerra ao inimigo. Várias causas o impelem a tomar essa decisão. Mas, como é um cristão pacifista, simplesmente não a declara, mesmo sabendo que isso poderá provocar a ruína de seu país. Fidel Castro não aceitou que, numa possível guerra nuclear entre Estados Unidos e União Soviética, valeria a pena Cuba deixar de existir?

A separação entre fato — algo que simplesmente é — e valor — algo que simplesmente deve ser — tornou-se moeda corrente no pensamento do século xix. Não resulta, porém, de certa concepção do que é, do ser, que o configura como algo subsistente por si mesmo? Mas e se o ser fosse um dar-se, que se expõe assim como se esconde? A linguagem da ciência seria incapaz de apreendê-lo. Contudo, não é preciso chegar a essa posição extremada, de Martin Heidegger e de seus afilhados, para recusar a oposição entre fato e valor. Basta reconhecer, como faz o segundo Wittgenstein, que a linguagem funciona como uma caixa de ferramentas, cujos instrumentos possuem aplicações específicas ou diversificadas, para fazer com que caia por terra essa rígida oposição entre fato e valor. Uma sentença como "O metro tem cem centímetros" pode ser usada para explicar quanto vale um centímetro ou para explicar o fato de que determinada barra não tem um metro.

Preferimos caminhar nessa direção. Do meu ponto de vista, uma declaração de guerra não se resume a um único ato de fala que exprime uma decisão que faz algo acontecer, como a queda de um raio no campo. Foi precedida de outras falas entre amigos e inimigos que diplomaticamente trabalhavam, uns para que a guerra não fosse declarada, outros para que ela acontecesse, prevendo que traria grandes vantagens para seu grupo ou seu povo. As tratativas anteriores a favor ou contra a guerra seguiam estratégias, as falas e os gestos obedeciam a regras em que vários interesses se cruzavam, e assim por diante. Toda essa trama de ações que resultou na declaração de guerra é como um jogo; é como se fosse um drama real em que o destino de muitos — em particular, de duas nações — se resolve. Portanto, o simples enunciado da declaração não pode valer como se fosse apenas uma proposição que, performaticamente, se torna verdadeira. Fazendo parte de um jogo de linguagem, a declaração vem a ser uma proposição no conjunto de algumas outras, possuindo valores diferentes. Se, por exemplo, foi proferida em português, e vale como exemplo das sentenças dessa língua, demarcada por uma gramática própria; participa de determinado jogo de linguagem, articula-se com outras proposições que podem ser verdadeiras ou falsas, que seguem regras que serão expressas por proposições, no caso indubitáveis, fora do jogo da bipolaridade do falso e do verdadeiro e assim por diante.

A declaração de guerra não será entendida nem como efeito "mecânico" das causas que a informaram, nem como um momento único em que um sujeito se afirma, mas como o lance de um jogo, por certo regulado por regras próprias, mas cujo jogador, numa situação em que está acuado, escapa do esquema armado e inicia uma nova jogada ao pular de um esquema de ação para outro que passa a ser regulado por outras regras inventadas no momento. Decidir, numa situação contraditória, é abrir novos jogos de linguagem, muitas vezes conservando a característica de nascer do jogo anterior que chegou ao seu limite. Na política encontramos exemplos desses momentos privilegiados. Como se estruturam eles?

1. A violência da vitória: o caso grego

Estudaremos alguns fenômenos políticos desse ponto de vista, isto é, dos jogos de linguagem em que eles se desdobram e vêm a ser ditos. Sabemos que o discurso da filosofia política é, em geral, recheado de termos gregos. Não é à toa que a palavra "política" procede de "polis". Mas convém perguntar se, além do vocabulário, ele ainda não conserva traços de certos pressupostos ligados à lógica e à metafísica antigas, aos modos pelos quais os gregos diziam e viviam o *ser* da polis. Há, no entanto, um ponto que precisamos repisar desde o início: o discurso político não procura apresentar fatos verdadeiros, embora os aproveite para montar seus argumentos; ele está a léguas de distância do discurso asseverativo das ciências. Se, por certo, utiliza argumentos científicos, seu intuito é convencer em vez de mostrar a verdade. Por isso Aristóteles não o estuda nos seus livros de lógica, quando o exame do logos marca as mais diversas maneiras do ser, porém o remete basicamente à retórica, análise da argumentação. Obviamente esse tipo de análise não disputa terreno com as ciências políticas mais globais — busca apenas resguardar seu ponto de vista.

Não há como fazer aqui um balanço de tudo o que o discurso político contemporâneo deve ao grego. Se esse fosse nosso propósito, no mínimo deveríamos começar examinando a política de Platão. Ao pedir que Aristóteles abra as portas de nosso texto, queremos unicamente ressaltar alguns aspectos de antigos conceitos que ainda sombreiam nossa linguagem política. O filósofo inicia seu livro sobre a política escrevendo que toda polis é uma espécie de comun-idade (*koinônia*), forma em vista de algum bem — no caso, o maior deles —, porquanto inclui todos os outros que dizem respeito aos cidadãos que nela vivem em busca da felicidade. Mas a prioridade da polis sobre o indivíduo não impede que sua construção seja pensada a partir dele. O indivíduo participa da polis na medida em que integra três relações de dominação: do marido sobre a mulher, do pai sobre os filhos, do mestre sobre os escravos. Aristóteles por certo ressaltará, contra Platão, que a dominação política, precisamente porque visa ao bem supremo, não se confunde com a dominação do pai sobre a família. Desde logo é de estranhar que os escravos participem da comun-idade da polis, embora não sejam dotados dos *direitos* dos cidadãos. Colocam-se então dois problemas intimamente ligados: qual é o pleno sentido dessa comun-idade e que posição tinha nela o escravo? A unidade política grega não nasce de uma partição, de uma exclusão radical?

Tentaremos dar respostas muito breves a essas questões. Ao traduzir *koinônia* por "comun-idade", salientamos nessa unidade comum a mesmidade que a polis assume em vista de seus membros, cujas ações devem visar ao bem comum. Trata-se, pois, de uma união em vista de um destino. Qual é o sentido da exclusão dos escravos? Não é mais do que um ato de força? Vistos como mera força de trabalho, só podem participar da vida social na medida em que integram o corpo de suas condições materiais. O próprio Aristóteles os nomeia "instrumentos animados",[1] *organa empsucha*. Não seria essa a fonte da expressão latina *instrumentum vocale*?

Qual é, pois, o sentido dessa participação excludente? Convém ter todo o cuidado para não confundir a escravidão clássica com a moderna, principalmente aquela que vigorou nas Américas. Por aqui havia um verdadeiro mercado de escravos, alimentando a expansão do capitalismo marítimo e comercial, preparando nossa sociedade industrial. Naquela época tratava-se basicamente de uma mercadoria configurando parte do capital variável empregado nas colônias, enquanto o escravo antigo, em particular o grego, trabalhava para a sobrevivência da população, era indispensável, participava da polis como um meio oculto de sua apresentação. O *deus ex machina*, depositado no palco para dar uma saída a um impasse, não era propriamente um ator, mas participava da tragédia.

Nos tempos homéricos, o escravo é pensado como prisioneiro de guerra; com o desenvolvimento da riqueza, aparece a escravidão por dívidas, logo, porém, abolida. Em geral comprado no mercado, ainda que não houvesse a intenção de gerar lucros, muitos trabalhavam nas minas de prata do Laurion, cuja produção assegurava o funcionamento da própria polis; outros, nas propriedades agrícolas, que, não podendo ser muito grandes em face das condições topográficas da Grécia, abasteciam os postos de mercado da cidade e seu pequeno comércio exterior. Alguns ocupavam cargos na administração pública, mas grande parte era companheiro de trabalho ou ajudante na vida cotidiana. Qualquer grego desejava ter um escravo, instrumento vocal que lhe evitasse as agruras do trabalho diário.

A relação entre homem livre e escravo é, na Atenas democrá-

---

1. *Política* (I, 4, 1253b28).

tica, muito peculiar. Em *O que é a política*, Hannah Arendt descreve a democracia ateniense como um amplo foro de discussão entre homens livres, de sorte que a essência da democracia seria a própria liberdade. Logo vem a pergunta: como foi possível tanto lazer para que as pessoas pudessem se dedicar à vida pública? Quantos deveriam trabalhar por elas? O número de escravos em Atenas até hoje é uma questão duvidosa. Se no século v a.C. sua população total era de 200 mil habitantes, calcula-se que por volta de 50% eram escravos, no entanto somente cerca de 10% gozavam de plena cidadania; outros eram comerciantes estrangeiros etc.

Atenas, porém, recebia importantes recursos de seu pequeno império. Liderou a formação da Liga de Delos, ao reunir no mesmo século v várias cidades gregas que precisavam enfrentar a ameaça persa. Todas pagavam um tributo, depositado em Delos, mas que logo foi transferido para Atenas. Essa liga durou até o fim da Guerra do Peloponeso (404 a.C.), quando Esparta, depois de um longo conflito, venceu a supremacia ateniense.[2] Finley adverte que, nas colônias da América, o escravo-mercadoria sempre poderia ser substituído por outro comprado no mercado, constantemente abastecido pelos navios vindos da África. Valia, portanto, como uma espécie de argumento de uma variável de uma função. Na Antiguidade, entretanto, a demanda de escravos precede a oferta, de sorte que cada um aparece como alguém que foi colhido para desempenhar uma função, perdendo assim sua liberdade. No entanto, a não ser em Esparta, no que diz respeito aos hilotas, uma população inteiramente subjugada e incrustada na cidade, os escravos gozavam de determinados direitos, sem perder inteiramente a qualidade de ser humano, embora fosse

---

2. De acordo com os clássicos livros de Moses I. Finley, *Ancient and Modern Democracy* e *Ancient Slavery and Modern Ideology*.

propriedade de outrem. Daí um antagonismo larvar entre eles, seres providos de direito não obstante desprovidos de liberdade.³ No que concerne particularmente a Atenas, N. R. E. Fisher tira duas conclusões importantes. O funcionamento da escravidão era considerado essencial para os atenienses, que não concebiam outro modo de produção e de vida. Por certo até hoje nem sempre há acordo a respeito de seu papel naquela sociedade, mas não se punha em dúvida que os escravos faziam parte da sua comunidade, como, aliás, testemunha o texto de Aristóteles já citado (*Política* I, 4). Além do mais, a distinção entre livres e escravos é uma das antíteses mais importantes e determinantes na estrutura do pensamento e dos valores morais dos atenienses (e provavelmente de outros gregos). Essa polaridade desempenhou papel importante na formação de sua identidade e de seus ideais atenienses como homens livres e independentes; ademais, na medida em que se colocam como gregos, nela percebem a marca de sua liberdade, mais forte e avançada do que em qualquer estrangeiro. Isso também afetou profundamente suas atitudes e julgamentos morais no tocante a muitos assuntos relativos à vida econômica, social e sexual.⁴

Acredito ser necessário indagar com cuidado a natureza dessas *antíteses* que dominam o pensamento e a vida dos atenienses. É interessante notar desde logo que Aristóteles, embora um obstinado defensor da escravidão, ao insistir no seu caráter humano, cai em contradição com outras passagens a ele atribuídas, como se verifica no pormenor num lindo ensaio de Victor Goldschmidt. Ao estudar a tripla relação pela qual o indivíduo grego se integrava na polis, Goldschmidt nota que, se a família é a célula originá-

---

3. Moses I. Finley, *Esclavage antique et idéologie moderne*. Paris: Éditions de Minuit, 1981, p. 93.
4. N. R. E. Fisher, *Slavery in Classical Greece*. Londres: Bristol Classical Press, 1993, p. 108.

ria da sociedade, nela já comparecia a relação mestre/escravo. Como entender a relação entre eles? Do ponto de vista da *physis*, porque uns nascem para mandar, outros para obedecer. Quando se passa, entretanto, para o plano do processo judiciário, como Aristóteles não concebe a justiça com o direito do mais forte, dessa perspectiva a escravidão deve ser justa. Contudo, que espécie de justiça pode valer entre mestre e escravo? "Mas se é verdadeiro, como Aristóteles assumiu desde o início, que só o homem livre, de corpo e alma, é conforme à natureza, é claro que a lógica interna da doutrina recomendava tratar o homem servil como um 'pecado' dessa natureza, devendo, pois, ser tratado pela arte [medida], para recompensar essa falta. Deveria assim ser educado para a liberdade, em vez de 'naturalizar' essa carência, em vez de ser interpretado, contraditoriamente, não como um 'fracassado', mas estando conforme a uma intenção diferente da natureza, aquela de produzir escravos."[5] O naturalismo de Aristóteles, pergunta Goldschmidt, não abala essa instituição, em vez de justificá-la?

N. R. E. Fisher aponta antíteses na instituição da escravatura. Goldschmidt mostra que a análise feita pelo grande Aristóteles termina em contradição. Sobre esse ponto, Platão era mais coerente, pois, na *República* (VIII, 549a), ele simplesmente afirma que uma pessoa "perfeitamente educada despreza seus escravos". Mas se essas contradições já davam o que pensar para os próprios gregos, não há dúvida de que os escravos eram radicalmente separados da vida política, sobretudo em Atenas. Qual é o sentido dessas várias exclusões que, no plano político, configuram uma espécie de contradição?[6] A antiga luta de classes, que se dava entre aristocratas e plebeus, não pressupunha uma contradição maior entre homens livres e escravos?

---

5. Victor Goldschmidt, "La théorie aristotelicienne de l'esclavage". In: *Écrits*. Paris: Vrin, 1984. Tomo I, p. 79.
6. Para um exame mais cuidadoso do conceito de contradição, convém se reportar ao "Apêndice".

2. O terror revolucionário

No início do mundo moderno europeu, o grosso da escravidão foi relegado para a sua periferia e a violência interna se exerceu como guerras de religião. Em 1598, Henrique IV assina o Édito de Nantes, conferindo liberdade aos protestantes, mas não é por isso que a luta pela conformação do poder monárquico se separa da luta pela liberdade das consciências, pelo menos até 1648, com a Paz de Westfália. Pouco mais de um século depois, em 1762, Jean-Jacques Rousseau publica *Do contrato social*, que funde num único esquema os anseios da liberdade da consciência com as disputas dos juristas a respeito dos indivíduos e dos povos. No entanto, nesse libelo pela liberdade dos indivíduos vamos encontrar a semente de uma nova violência excludente, o terror revolucionário.

Ao responder àqueles que perguntavam como um homem pode ser livre quando é forçado a obedecer a vontades alheias, Rousseau dá uma resposta radical:

Respondo que a questão está malposta. O cidadão consente todas as leis, mesmo aquelas que foram aprovadas contra sua vontade, até mesmo aquelas que o punem quando ousa violar uma delas. A vontade constante de todos os membros do Estado é a vontade geral; pois é por meio dela que eles são cidadãos e livres. Quando se propõe uma lei na assembleia do povo, o que se lhes pede não é precisamente que aprovem a proposição ou a rejeitem, mas se está conforme ou não à vontade geral que é a deles. Cada um, ao dar o seu sufrágio, diz sua opinião a respeito, e do cálculo dos votos se tira a declaração da vontade geral. Quando, pois, vence a opinião contrária à minha, isso nada mais prova senão que eu estava enganado e o que eu estimava ser a vontade geral não o era. Se minha opinião particular tivesse vencido, não teria feito o que teria querido, é então que não teria sido livre.[1]

Um dos monumentos da luta pela liberdade dos homens também claudicou.

Muito se insiste em que a vontade geral não é a soma das vontades particulares, mas nem sempre se registra que, a despeito de ela ser computada a partir dessas vontades particulares, que se integram livres na comunidade da polis, depois que essa se conformou, as vontades particulares contrárias deixam de ser propriamente *contrárias*, deixam de se opor num terreno comum para se converter numa oposição sem pontos de contato: o voto contrário se reduz a um mero erro do julgar. Não é caso da regra, obedece a outra, fora de seu universo. Notem-se aqui dois problemas: a constituição de uma vontade substancial devoradora do particular e o próprio significado do contradizer.

O terror é a consequência imediata dessa inteireza da vontade substancial sem fissuras, padrão e efeito das condutas morais. Por certo Rousseau inspirou valorosas lutas pela liberdade. Gos-

---

1. Jean-Jacques Rousseau, *Oeuvres Complètes*. Paris: Gallimard, 1964. v. 3: *Du contrat social*, Livro IV, II, pp. 440-1 (Plêiade).

taria apenas de apontar um ponto cego na sua teoria do contrato, ligado a uma reminiscência de um conceito de substância que, posto como unidade máxima, termina por lhe emprestar uma feição devoradora. Tomadas as precauções devidas, isso se encontra até mesmo entre os nominalistas. Também Thomas Hobbes não se embrenha nesse caminho escuro? No capítulo XVII do *Leviatã*, depois de enumerar as cinco causas que impedem os homens de naturalmente se ajustarem numa *Commonwealth*, numa *Civitas*, ele escreve: "O único meio para erguer esse poder comum [matriz sem fissura, diremos nós] [...] é conferir todos os seus poderes e forças a um único homem ou a uma assembleia de homens que possa reduzir todas as suas vontades, pela pluralidade de votos, a uma única vontade".[2] Hobbes prossegue explicitando que essa unidade real somente poderá ser efetivada quando as diversas vontades forem, no que concernem à paz comum e à segurança, unificadas numa única força, numa espécie de Deus mortal: "Por meio dessa autoridade, atribuída a ele por cada homem particular na *Commonwealth*, lhe é conferido o uso de tamanho poder e força que, do terror daí decorrente, ele se torna capaz de conformar as vontades de todos para a paz no lar e ajuda mútua contra os inimigos externos". E nisso consiste a essência da *Commonwealth*, que é assim definida: "Uma única pessoa de cujos atos uma grande multidão, mediante pactos recíprocos, se institui como autora a fim de poder usar a força e os recursos de todos, sendo instituída por cada um como autora, a fim de que ela possa usar a força e os recursos de todos, da maneira que considerar conveniente, para assegurar a paz e a defesa comum".[3] Mediante um contrato abrangendo *todos* os atos dos súditos, forma-se um poder soberano que vale pelos atos de qualquer um. A

---

2. Thomas Hobbes, *Leviathan*. Oxford: Clarendon Press, 1909 [1651], cap. 17, p. 131.
3. Ibid., p. 132.

multiplicidade das vontades se conforma numa vontade única, várias pessoas se conjuntam numa só. Essa *arché* absoluta não pode comportar nenhuma contradição interna.

Até hoje a teoria do contrato social encontra acolhida entre os melhores pensadores. Não mais se discute se ele se torna necessário porque os seres humanos são naturalmente bons ou maus. A tendência é tomá-lo como condição de possibilidade do exercício da democracia, ou ainda de uma convincente teoria da justiça. Sob esse aspecto, o contratualismo de Hobbes, a despeito de ser processado de modo peculiar, tem as mesmas consequências do contratualismo de Rousseau. Sejam os seres humanos maus ou bons, o contrato que eles travam possui a mesma característica avassaladora: a vontade geral é sempre faminta. Não deriva essa gula da formalização por que passa um contrato jurídico? Este, diferentemente do acordo, pressupõe a existência de um árbitro capaz de julgar os casos em conflito, inclusive aqueles em que a vontade de um contratante ultrapassa o que um ser razoável deve querer. O tribunal não anula o contrato leonino? Ambos querem a *mesma* coisa, mas em proporções diferentes. Em contrapartida, no contrato social, cada contratante entrega à autoridade sua própria faculdade de querer. Quando entra em minoria, seu querer anterior deixa de querer *aquilo* porque devia ter querido *outra* coisa. O conceito de contrato social somente tem sentido se houver um deslizamento do conceito de contrato tal como ele funciona nos tribunais. As teorias do contrato social supõem uma vontade numênica ou um *jogo*, pressuposto porém não exercitado, para formar o consenso.

Num nível meramente conceitual e formal, terror e virtude se entrelaçam. Como era de esperar, é de Saint-Just que vem a fórmula mais precisa: há uma fusão harmoniosa das consciências de cada um dos membros de uma sociedade. "Ela é ainda mais do que sua finalidade; com efeito, cada consciência possui um sentimento de justiça e uma inclinação para o bem, existe uma consciência pública que é uma inclinação universal para o bem."[4] Sade acabara de escrever *Justine ou les Malheures de la vertu*. O puro e o perverso aceitam o mesmo padrão de virtude, embora o primeiro a imponha a ferro e fogo, e o segundo a viole até o fim. A consciência universal recusa fragmentações, enquanto o espírito raciocinador produz o dissenso: "É preciso conduzir todas as definições à consciência; o espírito é um sofista que conduz as virtudes ao cadafalso".[5] Daí a reviravolta nas relações de poder: "Os infelizes são as potências da terra. Possuem o direito de falar como mestres aos governos que os negligenciam".[6] Mas, na medida em que a revolução demanda a inclusão dos despossuídos no todo virtuoso da nação livre, a liberdade necessita do terror inclusivo.

Robespierre é o taumaturgo dessa virtude revolucionária. Qual é o sentido desse terror virtuoso? Nos seus *Essais sur le politique*, Claude Lefort, analisando o extraordinário discurso proferido em 11 de março de 1792, mostra passo a passo o jogo totalitário da argumentação. O *Comité* de Salvação Pública havia prendido Danton e seus amigos. Robespierre se precipita para a Convenção com o intuito de evitar que ela ouvisse os girondinos e, convencida por eles, revogasse a prisão. O argumento é direto: não pode haver fissura entre as instituições da República: a Convenção e o *Comité* são um só, bloco inteiriço que configura a própria comun-idade do povo: "Tudo se deduz do princípio de identidade entre o povo, a Assembleia, os *Comités* de justiça; o princípio interdita todo questionamento sobre a legitimidade e a pertinência das decisões tomadas".[7] Lefort ainda sublinha a importância das variações dos pronomes usados pelo orador que passa do *on*,

---

4. Albert Ladret, *Saint-Just ou les vicissitudes de la vertu*. Lyon: PUF, 1989, p. 252.
5. Ibid.
6. Ibid., p. 78.
7. Claude Lefort, *Essais sur le politique*. Paris: Seuil, 1986, p. 87.

do *vous* e do *nous* para insinuar uma difusa ameaça contra os ouvintes. Num momento crítico, ele mesmo se nomeia: "Eu digo que qualquer um que tremer neste momento é culpado, pois nunca um inocente teme a vigilância pública". E tudo se passa como se o orador estivesse dizendo que "qualquer um que falasse neste momento é culpado". Robespierre não teme. Posta essa integração dos corajosos no seio da nação, não há por que ouvir os condenados e os meandros de suas defesas.

Não deixa de ser sintomática a maneira pela qual Slavoj Žižek se contrapõe a Lefort em defesa do terror revolucionário: Robespierre, não tendo medo da morte, em vez de manipular seu auditório de modo "totalitário", não estaria afirmando a independência do sujeito em face do indivíduo empírico enquanto ser vivo? Essa defesa da subjetividade revolucionária tem raízes profundas que se ligam a uma corrente do pensamento francês do fim do século passado, representada em particular por Lacan, Deleuze e Foucault. Sigamos algumas pistas de Žižek, que nos levam a repensar certos cacoetes de alguns pensadores brasileiros que se creem de esquerda, embora cultivando um decisionismo à la Heidegger.

3. Dispositivos da dominação

Vale a pena nos determos em Foucault. Durante as lutas que levaram à queda de Reza Pahlavi, tomado por um entusiasmo fervoroso pela Revolução Iraniana, ele organizou uma equipe que pudesse acompanhar o processo passo a passo e publicou uma série de notáveis artigos, trabalhando como um verdadeiro historiador-jornalista. Ressaltaremos apenas alguns aspectos que ele notou no processo revolucionário.

Foucault inicia o artigo de *Le Monde* de 11-12 de maio de 1979 citando dois motes da revolução: "Para que o xá vá embora estamos prontos a morrer", diziam os revoltosos, mas o aiatolá Khomeini já marcava a diferença: "Que o Irã sangre, para que a revolução seja forte". Não se ressalta aí uma diferença de perspectiva entre aquele que está disposto a morrer e o chefe religioso que deixava morrer para que essas mortes purgassem a Revolução? O sacrifício não lhe daria uma tonalidade religiosa? Pode-se ver aí um exemplo extremo do poder pastoral, mas daquele que, cuidando de seu povo como o pastor de seu rebanho, deixa que o lobo sacrifique alguns cordeiros.

Como sabemos, Foucault é um nominalista consequente, não acredita nem na vontade geral separada das pessoas, nem no sujeito como unidade transcendental. No entanto ele observa que, na Revolução Iraniana, a unânime oposição ao xá fez com que todas as diferenças desaparecessem e se aglutinassem numa única demanda: que ele morresse para que se pudesse viver sob as leis do Corão. "O que confere sua intensidade ao movimento iraniano foi seu duplo registro, uma vontade coletiva muito afirmada e, de outra parte, a vontade de uma mudança radical na existência; vontades aglutinadas por um desejo."[1] Em contrapartida, esse desejo, coexistindo na insurreição, propicia a individualização dos atores: "E por que o homem se levanta é finalmente sem explicação, é preciso um desenraizamento que interrompa o fio da história e suas longas cadeias de razão, para que um homem possa, 'realmente', preferir o risco de morrer à certeza de ter de obedecer".[2] Depois de apontar a pressão dos religiosos para conter o impulso revolucionário, Foucault volta a sublinhar o aspecto renovador do processo:

> As pessoas se revoltam, é um fato; e é por aí que a subjetividade (não aquela dos grandes homens, mas aquela de qualquer um) se introduz na história e lhe dá seu sopro. Um delinquente coloca sua vida em risco contra um castigo abusivo; um louco não pode mais ser encarcerado e diminuído; um povo recusa o regime que o oprime. Isso não torna o primeiro inocente, nem cura o outro, assim como não assegura ao terceiro os próximos dias prometidos. Ninguém, aliás, é obrigado a ser solidário a eles. Ninguém é obrigado a achar que essas vozes confusas cantam melhor do que as outras e dizem o fundo fino da verdade. Basta que elas existam

---

1. Michel Foucault, *Dits et écrits*. Paris: Gallimard, 2001. v. 2: 1976-1988, p. 754.
2. Ibid., p. 791.

e que tenham contra elas tudo o que se encarniça para fazer com que calem, para que tenha sentido escutá-las e procurar o que querem dizer.³

Não há dúvida de que Foucault retorna à fórmula da vontade geral e da liberação da subjetividade, mas sem lhe imputar nenhuma força produtiva; os termos gerais servem apenas para descrever situações que num momento se cristalizaram. Foucault está abrindo novas veredas que o levarão ao estudo do nascimento da subjetividade moderna e das formas de poder. Estas se enraízam nessa subjetividade e a configuram, de sorte que, em vez de estudar as instituições, ele foca as práticas conformativas: "O exercício do poder consiste em 'conduzir as condutas' e coordenar a probabilidade. No fundo, o poder é menos da ordem de enfrentamento entre dois adversários, menos do que o engajamento de um a respeito do outro, do que ordem de 'governo'".⁴ O ponto de partida é o estudo das diversas formas de resistência aos diferentes tipos de poder, com destaque para as diferentes formas de confronto: "De maneira geral, pode-se dizer que há três tipos de lutas: aquelas que se opõem às formas de dominação (éticas, sociais, religiosas); aquelas que denunciam as formas de exploração que separam os indivíduos do que eles produzem, e aquelas que combatem tudo o que liga o indivíduo a si mesmo e que asseguram, assim, sua submissão aos outros (lutas contra a sujeição, contra as diversas formas de subjetividade e submissão)".⁵ No segundo plano se situa o poder do Estado moderno, quando o confronto vem a ser subsumido pelos problemas das governabilidades.

Esse poder, agora se exercendo sobre o que será chamado de a sociedade civil, absorve outras formas de luta. Isso, em primeiro

---

3. Ibid., p. 795.
4. Ibid., p. 314.
5. Ibid., p. 303.

lugar, porque herdou o poder pastoral que se constituiu e imperou no fim da Antiguidade, quando os poderosos passaram a cuidar da alma de seus súditos. Mas o faz agora cuidando de todos os cidadãos mediante suas instituições, racionalizando e centralizando os modos de governar. Nessas práticas governamentais cabe distinguir ao menos três níveis estratégicos: 1) aquele que racionaliza para obter um objetivo definido; 2) aquele que tenta apreender o outro; 3) aquele que procura privar o adversário de seus meios de combate, obrigando-o a reduzir ou diminuir a luta: "trata-se então de meios destinados a obter a *vitória*".[6] Todas essas formas de confronto se condensam, por fim, na guerra que impede o outro de lutar.

Nas descrições variadas das práticas e processos nos quais o sujeito se insere ou não para se transformar ao longo da história, Foucault finalmente termina por encontrar um fio que aponta para o conflito em busca da vitória. E nesse ponto hesita entre a exaltação do sujeito que rompe qualquer estrutura e se coloca como sujeito dominador, de um lado, e sua conformação pelas práticas históricas. O publicista Žižek salienta o primeiro aspecto, associando-o à negação do grande Eu por Lacan e ao anarquismo de Deleuze. Deste cita um texto em que, depois de criticar a moda contemporânea de denunciar os horrores da Revolução, explicita: "Mas está sempre confundindo duas coisas, o futuro das revoluções na história e o devir revolucionário das pessoas (*des gens*). Nos dois casos não são as mesmas pessoas. A única chance dos homens é no devir revolucionário, o único que pode conjurar a vergonha ou responder aos intoleráveis".[7] Na calmaria da vida cotidiana alienada, a insurreição é o único momento da emergência do sujeito.

6. Ibid., p. 319.
7. Citado em Slavoj Žižek, *Robespierre: Entre vertu et terreur* (Paris: Stock, 2007), p. 231.

No entanto, o momento da insurgência vale, sobretudo, integrando-se nas estratégias do poder. Foucault é antes de tudo um extraordinário historiador. Contra a lógica dialética que "joga com os termos contraditórios no elemento do homogêneo", antepõe outra: "Uma lógica da estratégia [que] não faz valer os termos contraditórios num elemento do homogêneo que promete sua resolução numa unidade. A lógica da estratégia tem por função estabelecer quais são as conexões possíveis entre os termos disparatados e que permanecem disparatados. A lógica da estratégia é a lógica da conexão entre os heterogêneos e não a da homogeneização dos contraditórios".[8] É graças a essa lógica da estratégia que, depois do nascimento da biopolítica a partir do século XVIII, da disciplina que se ocupa do bem-estar das populações, Foucault pretende mostrar as conexões que lograram unificar a "axiomática fundamental dos direitos do homem e o cálculo utilitário da independência dos governados". Uma nova técnica de governabilidade, conhecida sob o nome geral de liberalismo.

Em vista do caso de Foucault, importa-nos agora, de um lado, essa erupção histórica do sujeito além das práticas que o conformam e, de outro, o recurso a novos modos da contradição explorados pela filosofia da lógica. Nossa análise tem no horizonte dois vértices do modo de pensar do século XX que, a despeito de desafiarem toda a sua estrutura, de certa forma têm sido empurrados para as sombras do esquecimento. Os "fracassos", o do *Tractatus* e aquele de *Ser e tempo*, obrigam-nos a retomar o questionamento da linguagem e do ser.

Convém retomar, em linhas gerais, a matriz heideggeriana de grande parte do pensamento francês do século XX, inclusive Foucault. Já em 1929, Heidegger começa a virada de suas investigações. Em 1934, logo depois de abandonar a reitoria da Univer-

---

8. Michel Foucault, *Naissance de la biopolitique*. Paris: Gallimard Seuil, 2004, p. 44.

sidade de Friburgo, reassume suas aulas, mas, em vez de tratar do Estado, como havia programado, examina "A lógica como pergunta pela essência da verdade".[9] Trata-se, usando um conceito foucaultiano, de um novo regime de verdade que marca a missão histórica da Alemanha contemporânea. Interessa-nos o método. Se a lógica tradicional, ainda pensada como teoria do logos, se desenvolve exclusivamente no plano da linguagem, cabe indagar pelas estruturas existenciais antepredicativas que sustentam e dão sentido ao discurso, este passando a ter, como parâmetro, o questionamento e o pensamento do Ser. A ação de falar retém o Ser e marca seu sentido historial. A nova Alemanha deve responder a esse apelo.

Como explicita *Ser e tempo*, a ação (*Handlung*) do homem ocorre entre o estar aberto (*Erschlossenheit*) do *Dasein* e o estar decidido (*Entschlossenheit*), no percurso da abertura para a decisão ou resolução. Heidegger não emprega o termo "ação" justamente para dar a ela um sentido tanto positivo quanto negativo, uma dimensão tanto ativa quanto passiva, capaz de resistir. O ser do homem primeiro como verdade, como se abrindo para o mundo que vai além dele, só "existe" como resolução que se entende se projetando. "*A resolução é precisamente em primeiro lugar o projetar que abre e o determinar da possibilidade cada vez factual.*"[10] A resolução é um projetar-se para o futuro e um determinar de uma possibilidade factual, portanto ligada ao estar aí do ser do homem, cuja temporalização tem a morte como limite e assim se determina. Note-se que esse determinar nada mais tem a ver com a predicação. Esta, como sabemos, é o nervo das determinações do ser, segundo Aristóteles. Mas se, para Heidegger, a determinação (*Bestimmung*) está ligada a uma tonalidade afetiva

---

9. Martin Heidegger, *Logik als die Frage nach dem Wesen der Sprache*. Frankfurt: Vittorio Klostermann, 1998. v. 38.
10. Id., *Ser e tempo*. Petrópolis: Vozes, 2006, p. 298.

(*Stimmung*) como modo de o homem se abrir para o mundo, só podemos ganhar nossa essência a partir do instante historial pelo qual assumimos essa nossa missão historial.[11] Projetado no mundo, o ser do homem é estar aí como cuidado, por conseguinte cuidado da determinação; mas, confiado ao dar-se do ser para responder-lhe, o ser aí do homem também é liberdade: "O cuidado da liberdade do ser historial é em si o que autoriza que reine plenamente a potência do Estado historial enquanto configura a essência de uma missão historial".[12] O novo Estado nazista responde a essa missão inserida no instante presente – instante que, como indica a etimologia da palavra alemã *Augenblick*, é um piscar de olhos,[13] que aglutina o tempo presente como um se dar diante do futuro assegurando o ter-sido.

Por que insistimos nesse ponto delicado do estruturar da decisão e da temporalidade cotidiana, tal como Heidegger a pensou? Simplesmente porque boa parte dos pensadores franceses da última metade do século XX, sobretudo Lacan, Deleuze e Foucault, trata da decisão e da emersão da subjetividade mantendo essa matriz heideggeriana. E nessa conformação explosiva tanto se pode alimentar o decisionismo reacionário como o elogio da liberdade insurgente. Essa ambiguidade não se acentua ainda mais quando cultivada por pensadores que circulam "na periferia do capitalismo"?

O caso de Foucault é mais nuançado. Nos seus estudos históricos, ele pretende examinar como se estruturam universais como a loucura, a sexualidade etc. Examinando o poder do Estado como governabilidade do que a partir do século XVII é designado pela expressão "sociedade civil", o governo passa a tratar dessas

---

11. Id., *Logik as die Frage nach dem Wesen der Sprache*, op. cit., p. 117.
12. Ibid., p. 164.
13. Id., *Ser e tempo*, op. cit., p. 338.

estruturas postas à disposição por uma nova ciência, a economia política. Foucault observa que "esse momento é marcado pela articulação de uma série de práticas de certo tipo de discurso que, de uma parte, o constitui como um conjunto ligado por um fio inteligível e, de outra, legifera e pode legiferar sobre essas práticas em termos do verdadeiro e do falso".[14] Constitui-se uma racionalidade peculiar, um regime de verdade que vem à existência por um lapso de tempo na história.

Não se trata do aparecimento de uma nova ontologia, mas de práticas que são então ditas por uma nova trama racional. Por certo Foucault pretende inverter a posição de Heidegger. Numa conferência de 1981, ele explicita: "Para Heidegger, é a partir da *tekhnê* ocidental que o conhecimento do objeto selou seu esquecimento do Ser. Reviremos a questão e questionemos a partir de quais *tekhnai* se formou o sujeito ocidental e se abriram os jogos da verdade e do erro, da liberdade e do constrangimento que os caracterizam".[15] Mas o vir a ser dessa nova racionalidade não está ligado a um piscar de olhos que, em vez de provir do ser, provém agora do próprio sujeito?

No entanto, Foucault também se move noutra direção. No que toca à contradição, recusa a solução hegeliana. Vale a pena repetir seu argumento:

> Pois o que é a lógica dialética? Pois bem, a lógica dialética é uma lógica que joga com os termos contraditórios no elemento do homogêneo. E a essa lógica da dialética eu lhes proponho substituir, de preferência, o que chamaria uma lógica da estratégia. E uma lógica da estratégia não faz valer os termos contraditórios num elemento homogêneo que promete sua resolução numa uni-

---

14. Michel Foucault, *Naissance de la biopolitique*, op. cit., p. 20.
15. Id., *L'Herméneutique du sujet*. Paris: Gallimard Seuil, 2001, p. 505.

dade. A lógica da estratégia tem por função estabelecer quais são as contradições possíveis entre termos disparatados e que permanecem disparatados [...] Rejeitemos a lógica dialética e eu tentarei lhes mostrar (durante o curso) quais são as conexões que puderam manter em conjunto, que puderam fazer se conjuntar a axiomática fundamental dos direitos do homem e o cálculo utilitário da independência dos governados.[16]

Desconfio que o conceito clássico de contradição resvalou para um plano diferente do qual costuma ser usado. Há uma "axiomática" fundamental dos direitos humanos, um discurso jurídico a respeito dos direitos e dos deveres dos seres humanos em geral. Em contrapartida, conforme o liberalismo, na relação entre Estado e sociedade civil os indivíduos tratam de agir a partir de seus interesses pessoais, segundo a lógica dos ganhos diferenciais, que cria um espaço com que o Estado tem que contar sem nele poder intervir para não interromper a eficácia do mercado. Estado e mercado possuem lógicas estratégicas diferentes que precisam ser conciliadas. As relações jurídicas dos direitos humanos, os processos de governamentação do Estado e a lógica do mercado existem se contradizendo e se ajustando, porém não é por isso que formam um sistema discursivo contraditório.

No discurso da biopolítica Foucault aponta a existência de uma contradição, vale dizer, pontos diferentes de enunciação que se confrontam estrategicamente. Como na política o discurso é retórico e tópico, a contradição, em vez de barrar a ação, simplesmente estimula a discussão. A contradição lógica, contudo, bloqueia o discurso. Num sistema formal que parte de pressupostos e prossegue dedutivamente, esbarrar numa contradição implica ficar impedido de continuar. Se ao pensar ou ao falar chegarmos

---

16. Id., *Naissance de la biopolitique*, op. cit., p. 44.

a uma sentença cuja estrutura pode ser formalizada como "(*p* e ~p)", não podemos mais seguir no mesmo sistema porque dessa sentença tudo pode ser deduzido.

Foucault nunca se interessou por essas questões. Numa nota de *L'Herméneutique du sujet* (p. 506), ao traçar as três linhas de investigação filosófica depois da metade do século XX — teoria do conhecimento do objeto elaborada pela filosofia analítica, o estruturalismo e a sua própria, que pretende situar os sujeitos no domínio das práticas formadoras —, ele mesmo comenta não ser nem estruturalista, nem, "com a vergonha conveniente, sou um filósofo analítico. *Nobody is perfect*". Nós o conhecemos por volta de 1970, na casa de Jules Vuillemin, que, aliás, o levou para o Colégio de França, mas que pouco o influenciou. Creio que tinha razão de desprezar a calculeira dos lógicos formais, mas gentilmente caçoava quando eu lhe falava de Wittgenstein. Eram outros os caminhos. Mas, ao tocar no problema da contradição, talvez tenhamos deixado em branco um ponto que poderia despertar sua inquietação: o fato de Wittgenstein ter mostrado que a lógica aristotélica, padrão de quase todas as lógicas até Frege, e de qualquer "regime de verdade" até então estudado, não confere sentido à contradição. Se hoje isso pode ser feito, cabe perguntar como se age a partir dela — não topicamente a partir dela sem nela tocar. E esse novo agir não seguirá por certo o padrão do "piscar de olhos", aquele da insurreição.

A anteposição das diversas estratégias só pode ser pensada por suas diferenças. Nada as une num mesmo discurso. Além do mais, não são ditas por um discurso asseverativo, apofântico. Jacques Rancière trata de lhes dar uma unidade visada, em particular, no seu livro *La Mésentente*. Aprendi com ele a valorizar o jogo do mal entender na política e seus efeitos perversos e ideológicos. Mas a *mésentente* ocorre tendo como pano de fundo um objeto comum: "Ela diz respeito à apresentação sensível desse comum, à própria qualidade dos interlocutores quando o apresentam. A situação extrema da *mésentente* é aquela em que X não vê o objeto comum que Y lhe apresenta porque ele não entende que os sons emitidos por Y compõem palavras e agenciamentos de palavras semelhantes aos seus. Como veremos, essa situação extrema concerne, em primeiro lugar, à política".[17] No limite, o que pode ser esse objeto comum pelo qual vale a pena arriscar a vida? Não está ligado a um modo de vida próprio? E para que os inimigos dele duvidem não precisam pressupor algo comum, pelo menos a língua em que estão discutindo ou se traduzindo? Desse ponto comum o objeto em disputa não é contraditório. Esse "desentendimento" não é contraditório. Logo mais tentarei mostrar que há uma contradição no modo pelo qual a vida materialmente se reproduz no capitalismo, e assim retomaremos uma velha discussão. Não é por isso que a política há de sempre se envolver tendo no centro essa contradição, mas não estaria no horizonte como um buraco negro que a pode engolir?

---

17. Jacques Rancière, *La Mésentente*. Paris: Galilée, 1995, p. 14.

4. Diálogo com o marxismo

Minha geração começou a pensar e a fazer política dialogando com o marxismo. Nem sempre com muita propriedade, quando, por exemplo, alguns admitiram que o pensamento fosse regido por duas lógicas, uma excluindo a contradição, outra a acolhendo sem mais. Em geral, porém, pouco se refletiu sobre o tratamento que Marx dispensou a ela. Ele não cumpriu a promessa de escrever um texto que virasse de ponta-cabeça a lógica hegeliana idealista; as dificuldades dessa inversão foram obscurecidas pela disputa entre idealismo e materialismo.

De minha parte, preferi examinar como funciona essa lógica na estruturação dos textos de Marx. Em resumo, poderia afirmar que, nos primeiros escritos, a contradição se insere no esquema hegeliano do gênero e das espécies, com acenos ao sensualismo de Feuerbach. Desde logo, a humanidade é considerada um ser genérico (*Gattungswesen*) que, no início da sua história, se apoia numa apropriação comunitária de seus meios de produção. Quebrado o comunismo primitivo — não se sabe bem como, já que a dinâmica do conceito hegeliano deveria ser abandonada —, instala-se uma contradição entre meios de produção e relações de produção. Depois de instalada a propriedade privada dos meios de produção, sucedem-se diversos modos de produção que têm no capitalismo a forma mais completa. Nele se exerce a contradição maior, entre o proletariado e o capital. Os proletários penetram no sistema por meio da venda de sua força de trabalho, e dele participam como capital variável, de sorte que se socializam mediante o próprio capital. Mas conformam a negação do sistema na medida em que este cria riqueza se apropriando dos diferenciais do valor da força de trabalho total, pago à classe operária, e do valor geral da produção social sob a forma de capital. O modo de produção capitalista levaria assim a contradição ao seu extremo, preparando sua eclosão e a superação das sociedades divididas em classes. A contradição ou se resolve abrindo as portas para a apropriação coletiva dos meios de produção, superando a luta de classes que marcou o desenvolvimento da pré-história da humanidade, ou emperra, levando o mundo à barbárie.

Durante essa pré-história da humanidade, no seu sentido pleno, já opera uma divisão entre interesses privados e interesses coletivos, mas ainda ligados a uma sociabilidade natural clivada pela divisão do trabalho. Daí a atividade produtiva dos seres humanos submeter-se a uma força contrária exterior:

> Esse autoenrijecimento da atividade social, essa consolidação de nossos próprios produtos num poder objetivo acima de nós que enfraquece nosso controle [sobre ele], que contraria nossas esperanças e anula nossos cálculos, é um dos momentos superiores do desenvolvimento histórico [verificado] até agora, e afigura, partir da contradição entre os interesses particulares e comuns, o interesse comum como *Estado*, uma configuração independente, separa-

da dos efetivos interesses individuais e coletivos, e igualmente como uma sociabilidade ilusória (*illusorische Gemeinschaftlichkeit*).[1]

A trama contraditória da sociedade capitalista burguesa se projeta no Estado e nele esconde suas contradições, configurando os interesses das classes dominantes como interesses de todos. Explica-se assim seu caráter ilusório, a despeito de toda a força de que dispõe.

Por certo apresento esse desenvolvimento, aqui, de forma esquelética.[2] Mas o esqueleto já nos serve para suspeitar de que haja uma grande distância entre esses primeiros escritos de Marx e a extraordinária crítica da economia política elaborada na sua obra maior, *O capital*. Desde logo o primeiro capítulo do livro surpreende e muito. Marx apresenta a teoria do valor-trabalho de David Ricardo jogando o tempo todo com relações formais entre valor de uso e valor de troca. Reconhece que essa primeira apresentação do valor como identidade dialética é complicada e, não à toa, deu a ela várias versões.

Como pode a identidade do valor-trabalho nascer da contradição entre valor de uso e valor de troca? Por que desde o início chamar de "contradição" a mera oposição entre os dois valores? Ora, dada a existência do mercado, na sua expressão mais simples, onde todos os produtos comparecem sob a forma mercantil, as relações de venda e compra se iniciam conforme um valor de uso se relaciona com *todos* os outros produtos do mercado, que *aparecem* como seus valores de troca. No início, suponhamos que um produto procura noutro seu valor de troca: "x mercadorias A valem y mercadorias B". Como A é posta representativamente em

---

1. Karl Marx; Friedrich Engels, *Die deutsche Ideologie*. Berlim: Dietz, 1957, p. 30.
2. Para uma apresentação ainda introdutória, porém mais extensa, conferir meu livro *Marx além do marxismo* (Porto Alegre: L&PM, 2000).

relação a qualquer outra mercadoria advinda do mercado, todos os seus valores de troca passam a ser trocáveis entre si compondo, assim, um equivalente geral, forma que prenuncia o dinheiro: "Por conseguinte, primeiro, os valores de troca vigentes da mesma mercadoria expressam algo igual (*ein Gleiches*)". Segundo, porém, o valor de troca só pode ser o modo de expressão, a "forma de manifestação" de um conteúdo dele distinguível.[3]

Os valores de troca aparecem então como unidade, o valor, uma comun-idade de que participa cada valor de troca individual conforme seu quinhão. Ela é constituída pela posição e reposição dos relacionamentos de venda e compra. Trata-se de um processo de abstração do tipo: se acontece muitas vezes, há de acontecer sempre, mas fundada nas operações efetivas do mercado, como se A, B, C etc. fossem configuradas pelo próprio equivalente geral. Os agentes operam como se a abstração que conduz ao equivalente geral já estivesse pronta, ilusão necessária para que o mercado funcione como se fosse uma totalidade autônoma. Ilusão coletiva, primeiro, porque supõe que todas as mercadorias estivessem como que expostas nas bancas de um supermercado universal e, segundo, como se todos os atos de trabalho fossem medidos por um mesmo padrão de acordo com sua produtividade.

O produto de que partimos poderia ter sido escolhido a esmo, mas, na medida em que se integra no jogo do valor mercantil, ele existe agora como um entre muitos que podem ser produzidos em qualquer parte de um mercado unificado. Cada produto passa a existir manifestando uma parcela da substância valor, por conseguinte como sendo produzido por um trabalho social e abstrato, cujas diferenças foram desbastadas pelo jogo das compras e vendas dos produtos enquanto mercadorias. A enorme diversidade dos trabalhos humanos, uma vez que o produto se integra na co-

---

3. Karl Marx, *Das Kapital*. Berlim: Dietz, 1957, p. 41.

mun-idade do valor, aparece como posta por essa unidade fantástica. A enorme diversidade dos trabalhos individuais — do ponto de vista do custo do tempo e de capacidades diversas — é apontada como a grandeza de valor dos produtos de trabalho. As múltiplas relações entre os produtores se constituiriam, por sua vez, como uma relação social entre os produtos do trabalho.[4] Cada produto existente no mercado surge então como se estivesse sendo produzido por um trabalho social formal — em suma, como um fetiche.

Ao lermos as últimas aulas que formam o livro *Naissance de la biopolitique*, de Foucault, temos uma visão muito clara do alcance da novidade do conceito marxista de capital. A partir do século XVIII, o homem jurídico, a primeira forma do cidadão moderno, conformado pelo contrato social e desenhando uma subjetividade plena de direitos, foi progressivamente substituído pelo *Homo economicus*, dotado de interesses e de uma racionalidade que computa meios em relação a fins. O Estado soberano começa a se confrontar com tais indivíduos integrados num mercado, que haveria de funcionar sozinho, formando uma sociedade civil dada, síntese espontânea dos indivíduos, voltados para seus interesses antes de estarem submetidos ao direito. As leis do mercado regem essa sociedade. Nela, o Estado só poderia intervir em situação de crise. O modo de produção simples de mercadoria fecha-se sobre si mesmo e possibilita o surgimento de um modo mais complexo, que tenha como origem o dinheiro — obviamente dotado de outra intenção, pois só vale a pena aplicar dinheiro se no fim do processo ele trouxer mais dinheiro. Assim, ele se transforma em capital, criando a separação entre capital e trabalho impossível no modo anterior. A substância dominadora da polis se conforma como capital-substância; a unidade do Estado nada mais é do que o seu reflexo.

4. Ibid., p. 71.

A abstração responsável pela forma mercadoria, do capital e de todas as outras suas formas não é aquela do tipo "o que acontece frequentemente acontece sempre", e sim "isso torna aparente o que está sendo produzido no mundo das formas". Por essa razão, Marx fala do fetichismo da mercadoria: o próprio jogo entre os produtores independentes passa a ser feito como se fosse regido pelo deus mercadoria, em seguida pelo deus capital.

Marx configura seu conceito de sociedade burguesa, de um lado, aproveitando-se do conceito hegeliano de *bürgerliche Gesellschaft*, em que as pessoas concretas são postas como fins em si mesmas, em busca de realizar a totalidade de seus desejos; de outro, agregando-lhe o estudo minucioso do mercado capitalista, elaborado principalmente pela nova economia política, sobretudo britânica. Contudo, ele converte a universalidade hegeliana num fetiche, uma ilusão necessária, que haveria de ser superada quando os sujeitos propriamente produtivos, esvaziados do poder econômico, conquistassem o poder político.

Mantém o princípio hegeliano de que essa nova esfera da vida social estaria alinhavada pela trama de categorias formais, desdobrando-se conforme se reportam umas às outras e nisso ganhando autonomia de seus aspectos. Trata-se de uma história categorial que desenha o mapa dos pontos de cruzamento das redes do sistema; história que espelha os movimentos no tempo real, portanto não simplesmente abstrata, mas que só marca as linhas formais do sistema conforme ele vai se configurando. Mas a história da instalação do capitalismo, seja na Europa, seja nos Estados Unidos, não segue os mesmos trâmites. Essa diferença entre a história categorial e a história do vir a ser[5] não foi absorvida pelo marxismo, que, por isso mesmo, soçobrou no historicismo.

---

5. Id., *Grundrisse der Kritik der Politischen Ökonomie*. Berlim: Dietz, 1953, p. 363.

Essa análise de Marx está muito distante do que, já em sua época, se entendia por ciência. Um antropólogo, interessado na religiosidade de certos processos mercantis, poderia desejar se aprofundar nesse fenômeno do fetichismo, mas não tocaria no modo pelo qual se produz a riqueza das nações. Além do mais, a economia política sempre trabalhou a partir do valor de troca. Entretanto, quando Marx publica o primeiro volume d' *O capital*, em 1867, ela assume o valor de uso como ponto de partida e perde o adjetivo "política". A economia política toma um produto como se ele estivesse sendo leiloado. Examina-o a partir de curvas de preferência e somente depois é que desponta a questão de sua troca por outros. Enquanto a economia do antigo regime soviético dizia respeitar o esquema marxista, muitos pensaram ser possível que a economia como ciência pudesse seguir dois paradigmas: o marxista, com a teoria do valor-trabalho, e o marginalista, em que a noção de valor é secundária. Com a derrocada daquela economia, o dilema desapareceu.

Compreende-se por que os pensadores de esquerda mais inventivos, a despeito de estarem influenciados por Marx, abandonaram a teoria do valor-trabalho. Os primeiros foram os frankfurtianos, que tentaram salvar a ideia clássica de razão, oposta à razão instrumental operando no sistema capitalista – uma ideia da direita alemã, que sempre culpou o desenvolvimento científico e tecnológico por quebrar as velhas tradições. Outros simplesmente passaram a examinar os comportamentos políticos como se cada agente fosse um ser racional, dotado da racionalidade do *Homo economicus*. Com a derrocada da União Soviética, o marxismo tornou-se obsoleto, mas, hoje, provavelmente por causa da enorme crise que abala a economia mundial desde o fim do século passado, ressurge a ideia de que o capital cria riqueza aumentando a miséria relativa — a fama atual de Thomas Piketty o testemunha. Note-se que seu livro *Le Capital au XXIe siècle* identifica capital e patrimônio, enquanto Marx entende por capital tão só aquela parte do patrimônio envolvida na produção de mais-valia. Contudo, para fins de cálculo, o real interesse de Piketty, a definição de Marx seria muito difícil de ser manipulada. Ambos, porém, sustentam a tese de que o capital cria tanto riqueza quanto pobreza. Esta não é uma contradição inerente a esse modo de produção?

Sempre tentei dar sentido às contradições do capital e seu caráter de fetiche. A contradição é um fato do discurso; Hegel a integra no seu sistema porque pensa a própria história como discurso do Absoluto. A lógica contemporânea, no entanto, não nos permite pensar em jogos de linguagem não verbais? A trama das categorias do capital não pode ser interpretada como tal jogo perfazendo os interstícios de nossa sociabilidade?

No *Apêndice* lembro como a nova lógica formal se arma deixando de lado a predicação e como Wittgenstein amplia sobremaneira o conceito de discurso. Toda linguagem passa a ser vista como trama de jogos, o que torna possível pensar em jogos não verbais. As relações formais que travam o modo de produção capitalista não formariam, então, jogos de linguagem não verbais cujos parâmetros se fecham por ilusões necessárias?

Voltemos ao texto do próprio Marx. O sistema mercantil traz em si a possibilidade do comércio capitalista, isto é, daquele comércio que, buscando produtos fora do sistema, pode tirar lucro das trocas vistas como equivalentes. Assim, a partir do século XVIII se desenvolve uma produção propriamente capitalista quando um agente, de posse de uma quantia de dinheiro — o capital —, se lança na produção, a fim de obter mais dinheiro, a famosa mais-valia (ou mais-valor). Dessa maneira, o sistema se diversifica criando diferentes formas de capital: produtivo, comercial, financeiro, e assim por diante.

Conforme esse modo de produção se desenvolve, cada forma de capital reformula e assume o fetiche da mercadoria. Trabalho e meios de produção são configurados como capital variável e capital constante. Ele se conforma como a produção de mercadorias por meio de mercadorias, sempre com vistas ao lucro e, por causa de seu próprio mecanismo de criar riqueza, somente a criando se produzir mais pobreza relativa. Qualquer modo de produção opera com três elementos básicos: o capital, a terra e o trabalho. Estes, no modo de produção capitalista, comparecem produzindo magicamente o lucro, a renda e o salário. Na sua forma final, a riqueza capitalista se apresenta fantasiada como se fosse uma santíssima trindade: o capital produzindo lucro (ganho na produção mais juros), a terra produzindo renda e o trabalho, salário.

A essa trindade constituindo o capital social total haveria de se contrapor o trabalho total. Esse tema começa a ser desenvolvido do terceiro volume d'*O capital*, mas o livro permanece inacabado, *et pour cause*. Além dos jogos das aparências, Marx acreditava que um verme haveria de corroer a produtividade do capital: o desenvolvimento tecnológico haveria de diminuir o valor dos produtos de tal maneira que se criaria a tendência de queda da taxa de lucro. Uma última contradição interna estaria se armando no seio da grande forma do capital total. Por conseguinte, no seio do trabalhador total, preparando a Revolução. No entanto, basta ler o capítulo em que ele examina essa tendência para constatar que ela encontra tantos fatores que impedem seu funcionamento que dificilmente poderia se efetuar. As categorias desse modo de produção só podem entrar em contradição porque se dão como um sistema simbólico, um jogo de linguagem, cujos termos se tornam completos em decorrência do fetiche correspondente. Uma contradição nuclear que viesse pôr em causa o próprio sistema também colocaria em causa o fetiche, em particular as formas trinitárias do capital.

A comum-idade do valor e depois do capital depende de os produtores terem livre acesso ao desenvolvimento tecnológico, ao ritmo cada vez mais alucinante de novas tecnologias. O desenvolvimento capitalista está na dependência de novos produtos cada vez mais sofisticados, de sorte que a própria ciência se transforma numa força produtiva. Ora, num capitalismo do conhecimento, todo produtor de um novo saber que resulta em lucro tem o interesse de garantir o monopólio desse saber. Primeiro ele o patenteia, depois trata de aumentar a velocidade da produção de novos produtos a fim de que, quando seus concorrentes chegarem a ter acesso a eles ou a similares, ele próprio já tenha novidades para apresentar no mercado. No lugar de uma lei interna que viesse implodir o capital — a famosa tendência da queda da taxa de lucro —, há outra tendência que fragmenta a produção e os mercados, impedindo que se tenha como pressuposto a mesma unidade do trabalho social abstrato. O sistema se cliva. A globalização não se faz como se um mercado mundial se constituísse unicamente segundo as leis econômicas. O Estado sempre forçou a abertura dos mercados e agora os Estados participam dessa concorrência.

O mercado capitalista só se desenvolveu com a ajuda do Estado. Já as relações de troca entre as mercadorias dependem de regras jurídicas que assegurem a justeza e a implementação dos contratos. Para se espalhar num território, é necessária a proteção do Estado, que cria bancos centrais para controlar a moeda e combater a inflação, libera ou cerceia os mercados segundo as conveniências. Marx obviamente conhecia esses fenômenos. Para compreender a crise total do capital, ele estava atento a cada crise do sistema. Em 1872, escreve a um amigo dizendo que não poderia terminar o livro enquanto não observasse a evolução da crise americana. Ele não estaria diante de um dilema? De um lado, sua concepção da história do vir a ser do modo de produção capitalista deveria levar à crise final trazendo a Revolução; por outro, sua história categorial, a cada passo, introduz novos fatores formais que bloqueiam a formação do capital social total, que traria no seu seio o trabalhador social total, dinamite do sistema.

Marx nunca formulou esse dilema, também não conseguiu terminar seu livro. Deixou numerosos textos soltos que foram editados por Engels. A publicação integral desses rascunhos mostra que Marx atirava em todas as direções. Michael Heinrich, Carl-Erich Vollgraf e outros estão explorando essa diversidade de caminhos. *O capital* não é um livro acabado. Se ainda nos inspira, não o é pelo sistema, e sim pelo aprendizado que nos torna atentos aos fetiches e às racionalidades enviesadas do mundo atual.

No entanto, se o sistema contemporâneo não tende a uma contradição totalizante, não é a própria ideia da grande Revolução que é posta em xeque? Num sistema em que a ciência se torna força produtiva, em que se torna impossível a mensuração dos mais diversos processos de trabalho por um único critério, também se torna impossível a formação do capital total e, por conseguinte, do trabalhador total. Desaparece do horizonte aquela contradição hegeliana que haveria de explodir numa revolução total. Devemos retomar o ideal da revolução proletária, quando os explorados haverão de exercer toda a violência necessária para vencer a exploração capitalista? Podem os explorados constituir uma parte sem contraparte, inclusive excluindo os exploradores do exercício da política? A luta de classes pode se conformar numa contradição efetiva ou apenas rege no horizonte a natureza mais profunda dos conflitos políticos atuais? Essa é uma questão que, *mutatis mutandis*, já estava posta para o movimento proletário desde o fim do século xix, em particular a partir da experiência da Comuna de Paris, e se torna crucial nos primeiros anos da Revolução Russa. É conhecida a posição de Rosa Luxemburgo contra a decisão dos bolcheviques de dar todo o poder aos sovietes, pois isso implicava retirar qualquer capacidade de representar de todos aqueles que não participassem dessas organizações que apenas reuniam soldados, operários e camponeses. Também é conhecida a posição de Karl Kautsky, uma das maiores autoridades do marxismo alemão da época, contra a interpretação leninista do conceito de ditadura do proletariado. Vale a pena retomar brevemente esse ponto, que nos obriga a reler um dos textos mais extraordinários de Lênin: *A revolução proletária e o renegado Kautsky*.

O texto é de 1918 e se inicia com uma crítica violenta à isenção com que Kautsky trata da democracia, sem levar em conta que ela pode ser burguesa ou ligada a outros modos de produção. Sob esse aspecto, Lênin tem toda a razão, pois, como já vimos, não cabe confundir a democracia antiga, escravagista, com a democracia moderna. Kautsky, por sua vez, define corretamente a ditadura como um poder que se apoia diretamente sobre a violência e que está acima de qualquer lei. Ditadura significa, pois, supressão da democracia se der margem a um poder pessoal. Ao mencionar a ditadura de uma classe, não estaria Marx indicando mais do que uma forma de governo, mas um estado de coisa que haveria de se produzir todas as vezes que o proletariado conquistasse o poder político?

A violenta reação de Lênin acentua a necessidade de abolir o Estado, suas forças militares e sua burocracia, exercendo contra ele um poder, a ditadura, apoiado na violência livre do império de qualquer lei, mas sempre o poder de uma classe contra outra. A Comuna, governo operário da França, lutava contra o governo burguês. E o próprio Engels acentua que a Comuna não teria resistido um dia se não empunhasse as armas contra a burguesia. A luta de classes é total, independentemente da posição da diversidade de seus membros. Importa que, ao ocupar o Estado, o movimento deve utilizá-lo, sobretudo, para que ele possa ser superado, destruindo suas bases para fazer surgir uma sociedade igualitária e sem classes. Note-se que Lênin está pressupondo que o novo governo ou, mais precisamente, o partido esteja inteiramente identificado com a classe trabalhadora. Por isso, a democracia não pode ser para todos, mas para a classe que há de vir a ser a sociedade inteira. Na ditadura do proletariado haverá democracia para os explorados, não para os exploradores, que devem ser reprimidos e privados de seus direitos. O explorado não se iguala ao explorador: somente haverá liberdade de fato quando toda exploração for eliminada. Supor que numa revolução consciente de si mesma valeria como processo decisório a relação entre maioria e minoria é "prova de uma estupidez prodigiosa".[6]

Lênin é o legítimo herdeiro dos jacobinos da Revolução Francesa. Embora suas ideias políticas se aproveitem dos meandros da dialética hegeliana, o cerne de seu pensamento incorpora o terror revolucionário. Até que ponto ele pode nos servir de paradigma hoje?

---

6. Vladimir Lênin, *Oeuvres choisies*. Moscou: Ed. du Progrès, 1968, p. 95.

5. Para melhor compreender a decisão política

Carl Schmitt considerava Lênin "o mais consciente de todos os políticos modernos".[1] Não convém examinar como se tocam os maiores pensadores do totalitarismo do século xx? Segundo me parece, dois são os pontos fundamentais no pensamento de Carl Schmitt sobre o político, isto é, sobre a condição da política. Em primeiro lugar, que a relação contraditória entre amigo e inimigo se exerce logicamente antes da unidade do Estado. Em segundo lugar, que essa contradição, por isso mesmo, não possui substância e pode assim se manifestar em qualquer nível da sociedade. Seu discípulo Julien Freund nos lembra[2] que Schmitt distingue instância de substância. Por ser uma substância, o Estado conforma um poder de decisão sobre negócios internos e externos, tendo por trás um quadro institucional em que a vida política se realiza normalmente. No entanto, Schmitt faz essa distinção con-

---

1. Jean-François Kervégan, "Nationalsozialismus und Völkerrecht". In: _____. *Que faire de Carl Schmitt?*. Paris: Gallimard, 2011, p. 180.
2. Cf. prefácio da tradução francesa de *Der Begriff des Politischen*, *La notion de politique: Théorie du partisan* (Paris: Calmann-Lévy, 1963), p. 19.

siderando que o processo de neutralização progressiva dos diversos domínios da vida cultural chega ao seu fim, ao considerar que a própria forma de Estado está sendo posta em xeque. Até mesmo a Sociedade nas Nações não termina sendo posta a serviço de interesses particulares?[3] Daí a necessidade de tomar como ponto de partida de sua análise jurídico-política uma situação-limite, instancial, em que a política possa revelar seu lado próprio, a condição transcendental de seus fenômenos cotidianos. Não é ela a relação amigo-inimigo? Como indica Freund, cabe "descobrir uma relação que determina o político em sua realidade existencial, independentemente das normas que, do exterior, lhe deem um conteúdo".[4] Esse modo de formular a questão encaminha o decisionismo de Schmitt. Mas, cabe perguntar, a contradição amigo-inimigo não se exerce inserida num contexto linguístico maior, em determinados jogos de linguagem?

Católico fervoroso, Schmitt acredita na santíssima trindade e pensa a contradição como se abraçasse o infinito verdadeiro, que, por isso mesmo, nela pode se manifestar. Diante do inimigo, isto é, de todos aqueles que contestam sua forma de existência, um grupo se constitui como unidade *soberana*. E soberano é aquele que pode decidir em caso de exceção. Desse ponto de vista, não importa se eles já estão socialmente ligados, um ou vários povos ganham soberania quando formam uma unidade política, que dispõe do *jus in bello*, o direito de declarar a guerra e a paz, traduzindo essa vontade unificada numa Constituição. Kant distinguia o contrato social do contrato político. Carl Schmitt retoma essa dualidade, mas nega que a comunidade política nasça de um contrato, na medida em que ela está sempre ameaçada pela existência de uma alteridade radical.

---

3. Um exemplo é a Sociedade das Nações, em que um conglomerado de Estados serve a propósitos políticos de um Estado dominante.
4. Julien Freund, *La notion de politique*, op. cit., p. 21.

Uma vez que o político não possui conteúdo particular, toda prática pode tornar-se política. Em 1964, numa carta a Julien Freund, Schmitt escreve: "Meu *Begriff des Politischen* [Conceito do político] evita toda fundação geral; ele é puramente fenomenológico (isto é, descritivo)".[5] O conceito se orienta para uma concepção energética do político, que será retomada em especial por Deleuze e Guattari em *L'Anti-Oedipe*, por Antonio Negri em *Le Pouvoir constituant* e também por Giorgio Agamben. Mas este é um jurista, ele se coloca no plano de Schmitt, o que nos permite evidenciar os compromissos de ambos com um decisionismo de inspiração heideggeriana. Sem o pano de fundo da contradição hegeliana, é necessário elucidar como a revolução insurgente articula o passado com um novo que deve desde logo ter alguma articulação.

Com o intuito de mostrar que hoje vivemos nessa situação, Agamben, em seu livro *Estado de exceção*, procura definir esse Estado a partir das diferenças que Walter Benjamin e Carl Schmitt imputam à violência criadora. Do primeiro, ele cita a seguinte passagem: "Se à violência for garantida uma realidade também além do direito, como violência puramente imediata, ficará demonstrada igualmente a possibilidade da violência revolucionária, que é o nome a ser dado à suprema manifestação da violência pura por parte do homem".[6] Convém lembrar que os frankfurtianos abandonam o esquema do trabalho e com ele a dialética hegeliana. Sem o terreno homogêneo preparado pela contradição dialética, Benjamin, antes mesmo de ser influenciado pelo marxismo, já aposta numa violência pura, divina, portadora do novo. Porém, como a revolução não é *Aufhebung* [anulação e conservação], abre-se um espaço inédito para novas formas de sociedade,

---

5. Jean-François Kervégan, op. cit., p. 183.
6. Giorgio Agamben, *Estado de exceção*. São Paulo: Boitempo, 2004, p. 85.

que somente conservam o passado para a redenção: "O passado traz consigo um índice secreto que o impele à redenção".[7] Agamben admite que o direito reconhece a decisão espacial e temporalmente determinada como categoria metafísica, mas esse reconhecimento só corresponde à "peculiar e desmoralizante experiência da indecibilidade última de todos os problemas jurídicos".[8] A redenção que vem suprimir a luta de classes aproveita-se da brecha da indecibilidade última das regras jurídicas.

Também Schmitt tenta trazer a violência para o universo do direito. Ao renovar a crítica a Benjamin num novo livro, *Politische Theologie*, Schmitt procura invalidar qualquer violência pura sem beira, porquanto esta sempre há de ter no horizonte o corpo da legalidade que ela está destruindo. No estado de exceção, quando o direito é suspenso, ela não deixa de estar presente como se estivesse entre parênteses? Além do mais, ao definir o soberano como aquele que decide no estado de exceção, Schmitt não faz da soberania o lugar da decisão suprema? Como não é possível configurar com precisão quando se está diante de um caso indubitável de suspender a lei, não há como evitar uma margem de indecisão na ação soberana ao cortar o nó górdio. Assumindo a indecibilidade de todos os conceitos jurídicos, Benjamin procura a violência pura. Schmitt, ao contrário, retira dessa indecibilidade a necessidade da ação excepcional, mas que se perfaz tendo o direito no horizonte. No entanto, quer a ditadura soberana do *Führer*, quer a ditadura do proletariado, ambas continuam a ser pensadas em termos estritamente fenomenológicos, isto é, sem que esse ato abra um espaço do que vem a ser adequado ou inadequado. Se ambos os autores recusam a negação hegeliana porque traz o per-

---

7. Walter Benjamin, "Sobre o conceito da história". In: _____. *Obras escolhidas*. São Paulo: Brasiliense, 2012. v. 1: Magia e técnica, arte e política, p. 242.
8. Giorgio Agamben, op. cit., p. 85.

fume do espírito absoluto, não se deixam eles se embriagar pelos mesmos ares, agora, porém, tendo como único parâmetro a estrutura legal violada? A pergunta fundamental é: a revolução se resolve num processo linear ou abre um novo jogo de linguagem? Para Agamben, importa separar, de um lado, a forma lógica da regra e, de outro, sua aplicação — esta só pode se dar no nível da práxis. Também o *Tratactus* cometeu o mesmo engano. Mas o voltar-se para a práxis não pode deixar a norma jurídica formulada no código como se ela fosse expressão direta da forma geral da proposição. A norma jurídica também é práxis. Uma regra que nunca fosse seguida não seria regra. Desde que a regra faça parte de um jogo de linguagem, a questão é explicitar como vem a ser seguida. E desde logo não se pode compreender a regra como se ela contivesse em si mesma todos os seus casos. Daí o contrassenso de se perguntar se a sequência 7777 está ou não contida na sequência dos dígitos de ϖ. O número irracional é um modo de calcular que implica essa indefinição. Não é por isso que só define a fração seguinte depois de calculada?

Agamben, porém, continua percebendo a regra como se fosse uma idealidade:

> Uma colocação correta do problema da aplicação exige, portanto, que ela seja preliminarmente transferida do âmbito lógico para o âmbito da práxis. Como mostrou Gadamer (1960, p. 360, 365), não só toda interpretação linguística é sempre, na realidade, uma aplicação que exige uma operação eficaz (que a tradição hermenêutica teológica resumiu na fórmula colocada em epígrafe por Johann A. Bengel em sua edição do Novo Testamento: *te totum applica ad textum, rem totam applica ad te* [Aplica-te inteiramente ao texto, aplica teu conteúdo inteiramente a ti]), mas, no caso do direito, é perfeitamente evidente [...] que a aplicação de uma norma não está de modo algum contida nela e nem pode ser deduzi-

da, pois de outro modo não haveria a necessidade de se criar o imponente edifício do direito processual.[9]

Se o capital se mostra com vestes divinas, não é por isso que a revolução deveria conservar o mesmo guarda-roupa. Agamben continua a conferir à regra resquícios de platonismo, o que o leva a situar a guerra contra o capital nos jardins do templo. Neles, *rem totam applica ad te*, ela só pode então se resolver numa violência divina ou numa insurgência purificadora.

Para justificar essa separação entre regra e caso, Agamben invoca a associação que os linguistas franceses encontram na relação que a linguagem mantém com o mundo: "Essa passagem da *langue* à *parole*, ou do semiótico ao semântico, não é de modo algum uma operação lógica, mas implica sempre uma atividade prática, ou seja, a assunção da *langue* por parte de um ou de vários sujeitos falantes e a aplicação do dispositivo complexo que Benveniste definiu como função enunciativa e que, com frequência, os lógicos tendem a subestimar".[10] Transferida a questão do âmbito da lógica para aquele da práxis, aceitando que "a aplicação da norma não está contida nela, nem pode dela ser deduzida", Agamben pode concentrar-se no exame do estado de exceção em que se manifesta, exemplarmente, essa separação entre norma e ação. Nesse estado, as normas básicas do direito ficam entre parênteses para que se produza a exceção a elas. Por isso não desaparecem, embora sejam repostas no horizonte do processo revolucionário.

Em vez de se aproveitar da oposição entre *langue* e *parole*, língua e fala ou vocábulo, tal como os franceses da época empregavam tendo como referência Ferdinand de Saussure, Agamben se reporta a Benveniste para evitar a sincronia da fonologia saus-

9. Ibid., pp. 62-3.
10. Ibid., p. 62.

suriana. Por exemplo, as unidades fonológicas são desenhadas por suas diferenças, por suas oposições distintivas. Em português, os fonemas "e" e "i" diferem no corpo das palavras portuguesas, como em "dedo" e "Dido", porém essa diferença desaparece no fim da palavra, com a formação de um arquifonema, isto é, não há distinção oral entre "cidade" e "cidadi". Por isso os fonemas, para Saussure, aparecem como se estivessem num único plano, o que distingue radicalmente a *langue* institucionalizada da *parole* proferida.

Segundo Benveniste, a semiologia, teoria geral dos signos, comporta dois eixos, um semiótico, cujas estruturas são semelhantes às analisadas por Saussure, e outro, propriamente semântico, cujas estruturas são em geral ignoradas pelos linguistas. Desse novo ponto de vista, o "princípio das consecuções discursivas", que considera as palavras na sua consecução linear, confere à semântica uma dimensão ignorada pelos semióticos e pelos lógicos. Enquanto Saussure toma a dispersão e a identificação dos fonemas como ponto de partida para estabelecer uma combinatória distintiva, Benveniste observa desde logo as palavras no curso de seu proferimento: "O sentido do predicado varia, pois, com sua construção: 'procurar' não tem o mesmo sentido conforme digo 'procuro por meu chapéu', ou quando digo 'procuro entender'. 'Procurar' não é 'procurar por'. Não é a mesma palavra. Da 'língua' passamos ao 'discurso'".[11] Ao publicar *Estado de exceção* em 2004, Agamben não conhece ainda essa publicação das últimas lições de Benveniste. Talvez por isso não desenvolva esse lado semântico do discurso até o fim. Ora, os dois sentidos de "procurar" podem ser expressos, na linguagem de Wittgenstein, como uma palavra que ganha sentido conforme participa de dois jogos de linguagem diferentes.

---

11. Émile Benveniste, *Dernières leçons*. Paris: EHESS Gallimard Seuil, 2012, p. 47.

Agamben se movimenta no universo dos autores franceses ligados ao pós-estruturalismo, que em geral estão muito distantes do pragmatismo. Benveniste é exceção, porquanto se interessa por Peirce. Em contrapartida, Agamben mantém uma separação muito rígida entre *langue* e *parole*. A norma lógica está desvinculada da práxis unicamente na cabeça daqueles autores. Se levasse mais a sério o "princípio das consecuções discursivas", ele seria obrigado a repensar o alcance das indefinições das palavras. Em vez de prejudicar seu encadeamento, não o auxiliam? Como lembra Wittgenstein, num pistão o êmbolo não pode estar muito ajustado ao cilindro que o acolhe porque, nesse caso, não poderia se mover e cumprir suas funções.

Interpretando a legalidade frágil em que vivemos como um estado de exceção, Agamben engrossa a corrente dos críticos do capitalismo que convertem o fetichismo do capital, sempre a explodir nas suas ambiguidades, sempre, por assim dizer, politeísta, num fenômeno puramente monoteísta. A palavra *religio* não mais proviria do verbo "religar", e sim de "reler", conformando a religião no tempo do mundo. A teoria da história de Walter Benjamin abre esse espaço. Porém, de certo modo, se a crítica contra o capitalismo volta a se armar no pensamento de Feuerbach, não cairia sob a objeção de Marx, que acusa o materialismo feuerbachiano de ignorar a práxis? Para Marx, a práxis é aquela do *conceito* hegeliano, mas virada de ponta-cabeça; para Agamben e seu grupo, ela resulta numa insurgência que coloca o direito entre parênteses, sem se comprometer com a criação de um novo jogo de linguagem.[12]

Voltemos a Agamben, cujos enganos me parecem paradigmáticos. É nessa relação da norma com o caso — objeto da crítica

---

12. Para uma análise muito completa dessa problemática, de um ponto de vista contrário ao meu, conferir Paulo Arantes, *O novo tempo do mundo* (São Paulo: Boitempo, 2014).

de Heidegger a Wittgenstein — que o nervo da questão aparece exposto. Não é uma questão apenas de subsunção lógica, mas antes de tudo passagem de uma proposição geral dotada de um referente puramente virtual à referência concreta, a um segmento de realidade; "nada menos do que o problema da relação atual entre linguagem e mundo".[13] Tal afirmação me parece absolutamente correta, contanto que se acrescente que essa relação virtual é bipolar, isto é, verdadeira ou falsa, adequada ou inadequada, e assim por diante. Agamben por certo o reconhece: "No caso da norma jurídica, a referência ao caso concreto supõe um 'processo' que envolve sempre uma pluralidade de sujeitos e culmina, em última instância, na emissão de uma sentença, ou seja, de um enunciado cuja referência operativa à realidade é garantida pelos poderes institucionais".[14] Mas o caso, depois de configurado, depois de a norma determinante ter sido completada numa sentença, se esta quase sempre vem a ser seguida, é porque ainda se liga a uma forma de vida coletiva, a instituições já existentes ou que estão vindo a ser.

O sujeito não se *abre* apenas para o mundo, mas, o fazendo por meio da linguagem, cria entre a norma e o caso um espaço de indefinição que precisa ser *resolvido* caso a caso. Por isso, seguir uma regra sempre é uma práxis, como sublinha Wittgenstein. E se a regra, seja lá de qual tipo, não espelha o estado de coisa, ao se efetivar, isto é, ao vir a ser propriamente uma regra, e não um *flatus vocis*, é preciso que o agente se comporte como se decidisse se esse é ou não o caso. É necessário recorrer a um critério, ligado a uma situação indubitável, que só pode ser formulado por uma proposição monopolar, mas que permita uma *decisão* que individualiza mediante a aplicação da regra de *modo adequado ou ina-*

---

13. Giorgio Agamben, op. cit., p. 62.
14. Ibid.

dequado. E assim termina o mito da decisão *"führende"*, da revolta divina, da insurgência, do ato único, que nem mesmo se inspira no *fiat* de Jeová. Depois de ter criado o céu e a terra, Deus criou a luz para impedir que tudo fosse coberto pelas trevas e assim formou a alternância do dia e da noite. Transformar a regra tão só na antevisão de seus casos ao infinito equivale a pensá-la como se fosse um par de trilhos que levasse o trem da política sempre para mais longe.

O exercício da bipolaridade se inscreve numa situação que só pode ser dita de modo indubitável, monopolarmente. Quando num jogo de linguagem — inclusive aqueles não verbais, como um sinal de trânsito, as relações de venda e compra, até mesmo os contratos quando feitos tacitamente — uma contradição é atingida, quando ela aparece como sinal dos deuses, aceno fora do jogo para que se caminhe adiante, a decisão só pode se exercer em vista de uma nova bipolaridade criada. Não é por isso que Marx, talvez antevendo essa estrutura da decisão, sempre lembrasse o mote socialismo ou barbárie?

Exercido no limite, o jogo político exige que se *decida* se cabe aniquilar ou poupar o inimigo. Mais de um século de revoluções mostraram que sua morte — física ou excludente do jogo — revive a unidade da substância devoradora criando as condições para que o terror se instale. Se não quisermos desprezar essa experiência, cabe, a meu ver, associar à observação de Schmitt, de que a política não tem substância, outra de Claude Lefort,[15] de que a democracia não possui lugar definido. O lugar do poder torna-se vazio, a sociedade não tem corpo, a totalidade orgânica perde seu sentido. Livre desses fantasmas, reconhecendo a importância da práxis política a partir da Revolução Francesa e da Revolução Americana, somos obrigados a apostar na democracia. Somente

---

15. Claude Lefort, op. cit., pp. 27 ss.

ela, tendo no horizonte a quebra da contradição, é capaz de recolocar amigos e inimigos no plano das relações entre aliados e adversários, criando um campo comum em que essa contrariedade possa se exercer para que não ecloda o perigo sempre iminente do inimigo devorador.

Vivemos numa situação muito peculiar de nossa história. O jogo político (melhor seria dizer: os jogos), a despeito de toda sua corrupção, tem no horizonte um Estado provedor que encontra sua principal razão de ser no exercício de políticas de compensação das desigualdades existentes, principalmente no seu território. A principal desigualdade diz respeito à própria sobrevivência física e cidadã do indivíduo e de seu grupo. O Estado deve controlar uma distribuição justa da riqueza nacional. Deixemos de lado o significado dessa justiça, cujos sentido e critério também são objeto de disputa. Mas não sabemos como criar essa riqueza a não ser por intermédio do mercado, única forma até agora conhecida de determinar os preços das mercadorias, ajustando oferta e procura. Todas as formas de controlar diretamente a produção foram por água abaixo e se associaram ao terror. Daí a contradição latente entre Estado e mercado capitalista, que sempre precisa ser "superada" pela criação de novos campos de contrariedade. Entretanto, se o Estado continua a ser territorial, o capital é globalizante. Se nessa expansão ele cria misérias e perversões inauditas, ele também civiliza. Na medida em que depende da produção de novos conhecimentos, cria a possibilidade de vidas mais seguras e saudáveis. O terrível espetáculo da destruição que o capitalismo provocou e continua provocando se torna ainda mais terrível se lembrarmos de que ele tem no horizonte nuvens de bonança.

Se a Revolução hoje em dia está fora de um horizonte factível, só nos resta controlar essa contradição impondo-lhe cotidianamente campos de contrariedade, em que a oposição entre aliados e adversários se torne consciente de que seu sucesso depende da preservação do outro. Não vejo como evitar a aposta na democracia, na sua extensão para além do jogo propriamente político, visando a que as próprias formas de vida se tornem abertas às experiências alheias. E, como tais, sempre aceitando alguma forma de representação para que o vitorioso do momento possa continuar representando o vencido do momento, e assim possam habitar novos terrenos.

Pelo visto, o conceito de democracia direta me parece um mal-entendido. Não há dúvida de que a representação política na base de eleições, tal como a conhecemos hoje, tem sua história e cada dia que passa mostra suas limitações. Por certo os meios de comunicação de massa, as redes sociais, e assim por diante, permitem que as opiniões circulem livremente entre as pessoas e que movimentos sociais se construam a partir dessas correntes de ideias e avaliações. Mas para que um movimento social se torne político ele precisa sempre levar em consideração seu inimigo ou seu adversário, os obstáculos que se lhe antepõem, os atritos que ajudam a desenhar seu próprio perfil. E a partir daí ele também se torna representativo, pois seus líderes tanto representam aqueles que comungam com suas opiniões quanto os adversários em negativo. Suas ações só adquirem sentido se conservarem essa negatividade. Nada mais ilusório, me parece, do que imaginar que as verdadeiras decisões *políticas* "racionais" possam se basear num sumário das diversas opiniões dos grupos sociais capazes de vocalizar seus anseios. A representação nasce do conflito. O retorno ao velho caminho da comun-idade não renova a perspectiva do terror?

Se nas condições atuais a Revolução fica fora do horizonte, não é por isso que dele desaparece a luta de classes. Esta renasce sistematicamente no horizonte das categorias demarcando uma distribuição desequilibrada da riqueza nacional que não pode ser aceita por todos. A maneira como ela se situa na trama do combate político vai depender de como os conflitos e ajuntamentos sociais se articulam. Como isso se organiza historicamente, é preciso ser examinado de modo empírico.

6. Para terminar sem concluir

Uma oposição entre grupos humanos se torna política quando alguns indivíduos lutam tendo no limite a possibilidade de perder a vida, isto é, quando o conflito tem no horizonte a possibilidade de se converter numa contradição. Esta abre espaços para novas ações que se traduzem em novos jogos de linguagem e se cristalizam em novas formas de vida. Instala-se uma comun-idade de amigos e inimigos. Na democracia, essa contradição passa a ser representada quando essa comun-idade perde sua substância, porquanto vem a ser exercida pela luta entre aliados e adversários, que estão sempre desenhando um espaço comum de disputa capaz de evitar a guerra civil.

Essa representação tem sua história. Em Atenas, o inimigo é representado como se estivesse fora na polis, nas entranhas da escravidão ou no exercício do imperialismo ateniense. E, assim, a luta de classes entre ricos e pobres pôde se desenvolver no plano da contrariedade. Desse ponto de vista, a ágora era obrigada a intervir nos modos em que a contradição se mantinha, na disputa contra Esparta, na regulação do imperialismo marítimo, como nos mostram a expedição à Sicília e a repressão das cidades rebeldes contra a Confederação de Delos. A história política de Atenas precisa elucidar várias dessas contradições.

A partir do século XVI, no Ocidente, a comun-idade se conformou representativamente num Estado, articulado por três poderes, tendo como principais tarefas assegurar a defesa do país, os limites do público e do privado, bem como promover justa distribuição da riqueza nacional. Mas, com o desenvolvimento do modo de produção capitalista, essa riqueza somente se mantém se produzir mais riqueza, de sorte que os cidadãos começam a exercer sua cidadania pelo consumo. A política contemporânea tem que se ocupar dessa tragédia.

O sistema capitalista tende a se estender pelo globo; para sobreviver, os povos precisam produzir riqueza sob a forma capitalista e conviver com as determinações e indeterminações dos mercados de capitais. No entanto, ao se mundializar, a contradição entre capital e o trabalho se mescla com outras contradições de caráter regional. Não cabe confundir a história categorial do capital, isto é, o desdobramento de suas formas de ação que tendem para a contradição entre capital e trabalho, e sua história do vir a ser, como se enraíza nas diversas regiões do planeta. A instalação do capitalismo nos Estados Unidos criou uma contradição entre a população branca e a população negra; esta somente ganhou cidadania quando logrou modificar o comportamento de ambas as partes, reforçando o sentido do espaço público. No Brasil, a paulatina integração da população negra e parda está se fazendo conforme ela se integra no espaço público, que, originariamente mal estruturado, recebe esses influxos sem sofrer grandes transformações. Se nos dois casos, americano e brasileiro, a luta se faz pelo reconhecimento de direitos, os direitos conquistados nem sempre servem para os mesmos fins.

Uma rápida visada na situação política do Oriente Médio nos mostra uma contradição que pode ser caracterizada como um conflito de civilizações. Não há dúvida de que todos esses povos são tocados pelo capitalismo, mas, na medida em que os árabes, e eles são muito diferentes entre si, assistem ao abalo de suas tradições familiares e religiosas, eles se levantam contra a dissolução de suas antigas formas de vida. Para salvaguardá-las, muitos estão dispostos a morrer, a se lançar numa guerra. Não sendo guerra entre Estados só pode se estender pela guerrilha, isso quando a guerrilha não pretende formar um Estado, como parece acontecer no momento com o Isil.[1]

Talvez o caso mais interessante do emaranhado contemporâneo das contradições políticas seja a construção do Estado de Israel. O sionismo politizou o preconceito de que foi vítima o povo judeu durante séculos e caminhou para a formação de um Estado. E como não se conhece até hoje a criação de um Estado que não seja pela força, tudo tem sido permitido para a obtenção desse fim. Notável é que as primeiras expedições que foram explorar a Palestina não perceberam que ali já habitavam árabes. Para que o Estado fosse judeu, desde o início houve limpeza étnica, tentativas de expansão do território em busca dos limites da terra prometida, diminuindo e esfarelando o território onde deveria assentar-se o Estado Palestino. Carl Schmitt já notara a decadência do Estado contemporâneo. Seu monopólio da decisão política se enfraquece, na medida em que, de um lado, os conceitos teológicos em que se baseia sua teoria se tornam cada vez mais laicos; de outro, o *Jus publicum europaeum* vem se dissolvendo num direito mundial indistintamente universal. Tanto a Liga das Nações como as Nações Unidas têm mostrado que esse vago direito universal passa pelo crivo dos interesses dos Estados mais fortes. Por certo esse esfarelamento do poder estatal reforça o princípio dos Direitos Humanos e das instituições ligadas a eles, mas estamos longe de vê-los incorporados às práticas da política contemporânea.

---

1. Isil: Islamic State of Iraq and the Levant [Estado Islâmico do Iraque e Levante].

Levando em conta essas considerações, cabe a pergunta se a formação do Estado de Israel como Estado judeu não representa uma tentativa de reforçar o lado teológico do Estado, mas à custa do enfraquecimento de suas representações democráticas. Por volta de 20% da população de Israel é muçulmana e, a despeito das várias formas pelas quais trata de ser integrada, permanece a contradição naquele cidadão muçulmano que pertence, com maiores ou menores restrições, a um Estado que afirma uma religião que ele não comunga. Criou-se um Estado cercado de amigos e inimigos por todos os lados, gerando uma teia de contradições que só podem ser neutralizadas por uma representação que, somente pela força, pode tomar distância do inimigo. A guerrilha está sempre no horizonte.[2]

Do lado oposto, temos assistido à instalação da Comunidade Europeia, a primeira grande tentativa de instituir um organismo pós-estatal. São os mais variados os desafios que essa Comunidade tem de enfrentar. Mas basta lembrar que a adoção do euro como moeda única, circulando entre países de economias baseadas em diferentes taxas de produtividade do trabalho social, tem criado inúmeras situações em que os cidadãos não se veem representados.

Que o sapateiro não vá além dos chinelos. Essa enumeração de situações críticas de que temos notícias todos os dias pela imprensa, por mais imprecisa ou errônea que possa ser, visa apenas lembrar que o estudo do político, ao sublinhar a contradição em que se assenta e seu caráter limítrofe, somente abre as portas da análise dos casos, sem que a reflexão lógica logo se converta num jogo mental. Não importa aqui a veracidade dos fatos. A enumeração serve tão só para sublinhar a necessidade de que uma aná-

---

2. Na enorme bibliografia sobre a fundação de Israel, muito me marcou o recente livro de Ari Shavit, *My Promised Land* (Nova York: Spiegel and Grau, 2013).

lise do sentido gramatical do político requer o complemento do estudo propriamente histórico, que venha elucidar como a representação junta contradição e contrariedade.

Nos últimos tempos, o desenvolvimento da internet e das redes sociais tem sido tomado como prenúncio de uma articulação política em que cada cidadão pudesse estar presente pessoalmente. E como se a decisão *política* se transformasse na gestão de uma empresa. O perigo da falência toma o lugar da guerra civil. A comun-idade substantiva, justificando o terror, é substituída pela ideia do público a que cada cidadão deve ter acesso por direito. Não se busca, entretanto, somente o público, como espaço de liberdade, isto é, como espaço do exercício do direito de cada um, mas ainda as condições materiais responsáveis pela manutenção desse espaço. No lugar da comun-idade substantiva, temos a comunidade dos representantes dos setores particulares da sociedade, quando cada um representa interesses singulares, inclusive os próprios, como se fossem agentes de uma firma cuja sede estivesse num lugar distante. Uma contradição em geral se resolve pela violência, criativa ou não. Se os atores pretendem instalar uma comun-idade inteiriça, desandam no terror, na aniquilação do inimigo em nome da integridade do povo. Ao buscarem apenas a democracia parlamentar de interesses, configuram o comum como o espaço público de onde cada cidadão pode retirar sua parte. Em vez do terror, temos a violência aos pedaços e a corrupção deslavada. É muito difícil manter o representante como aquele que participa de um sistema representativo em que cada um age incorporando a possível ação do inimigo, evitando a guerra civil, preservando os espaços em que se formam as regras, em que são executadas, em que as faltas são corrigidas. Somente assim é possível caminhar na direção de uma justiça capaz de distribuir equitativamente, segundo um critério comum, o que uma sociedade produz, sejam os bens materiais, sejam aqueles espirituais.

7. A política de Giannotti

Luiz Damon Santos Moutinho

I

"Este é um texto de intervenção." Assim Giannotti começa seu *A política no limite do pensar*.[1] "Intervenção" sui generis, deve-se notar, pois ela vem por meio de uma "gramática da política". A pretensão de Giannotti parece, à primeira vista, pouco convincente: de um "texto de intervenção" se espera algo menos rarefeito do que uma "gramática". No entanto, é preciso levar a sério a pretensão do autor, e portanto aceitemos que "intervenção" se diz em vários níveis, não apenas naquele de uma ação colada na prática política. E isso nos leva à questão: de que "política" se trata aqui? Que "política" sobressai desse texto eminentemente "lógico"? Tal questão, por sua vez, nos leva ao "limite" ao qual se refere o título: ele indica aquilo que o autor entende como dificuldades nas quais se enredaram tantos pensadores da política, à direita e à esquerda, e são essas dificuldades que ele pretende enfrentar e re-

---

1. Giannotti, 2014. Ver bibliografia.

solver. Elas remetem, como veremos, a um núcleo metafísico comum que a circunscrição do limite deve, como uma boa crítica, apontar. Daí o caráter singular dessa "intervenção": visando a um nível de abstração que se configura na noção de "limite", ela define quais são seus adversários, à direita e à esquerda, e finalmente enuncia quais são seus conteúdos. Nosso propósito é explicitar esse combate travado pelo autor, que emula a própria ação política, e perguntar em que sentido sua solução se pretende "política", se ela legitimamente ainda o é.

Qual a grande dificuldade que atravessa toda a história do pensamento político? Pensar a "contradição". Na versão de Giannotti, essa é *ainda* a dificuldade. Para pensá-la, será preciso mais que a lógica dialética — as dificuldades de Marx com o idealismo hegeliano estão na origem do seu pensamento político: a contradição que, segundo aquela lógica, deveria levar à revolução terminou redundando numa política de terror revolucionário, mais terror que revolucionário. Tampouco basta o modelo schmittiano da contradição entre amigos e inimigos, pois esta só se resolve por uma decisão soberana autoritária, e Giannotti está convencido de que sua solução é democrática.[2] Também não bastam aqueles modelos que se originam da negatividade heideggeriana, que se abre para vias diversas, à direita e à esquerda, reacionárias e insurgentes, e Giannotti francamente rejeita a insurgência libertária.[3] Seu modelo será outro; ele vai estar nos "jogos de linguagem" de Wittgenstein: é ali que Giannotti encontra a "contradição renovadora" que vai lhe permitir pensar sua política. Eis, portanto, em rápido esboço, todo o traçado deste pequeno livro: ali se delineia o campo de batalha, definem-se os adversários e impõe-se uma tarefa: pensar a política, que consiste essencialmente em "descrever o jogo de linguagem" que a "articula".

2. Ibid., 2014, prefácio.
3. Ibid., p. 15.

II

A contradição assim estendida faz Giannotti voltar à questão da crítica marxiana ao "idealismo" de Hegel, cuja dialética parece cair do céu sobre o "real", ou, antes, torna o "real" um "discurso do Absoluto", conferindo a ambos, "discurso" e "real", "mesma estrutura". Marx rejeita esse "idealismo", mas não cumpriu a promessa de escrever sua lógica. Todo o projeto de Giannotti, não só sua política, é animado por um propósito que remonta a essa dificuldade. No entanto, a solução marxiana é apenas um momento na trajetória de Giannotti; a solução definitiva só vai aparecer mesmo com Wittgenstein. Não é o caso aqui de recuperar a leitura que Giannotti faz de Marx; somente retomar seu movimento geral e destacar essas dificuldades, pois são elas que vão nos trazer até os "jogos de linguagem".[4]

A crítica do "jovem Marx" ainda não era, no duro, uma crítica da economia política. O "trabalho" é uma atividade vital, e não, como a crítica madura vai exigir, determinada historicamente pelo modo de produção capitalista, quer dizer, menos que forma histórica específica (trabalho assalariado), ele é uma atividade vital do homem enquanto "ser genérico", uma atividade de "autorrealização do homem". O "trabalho alienado" implicará então, para além da separação entre o trabalhador e o produto do seu trabalho, também a separação entre o homem e seu "ser genérico". Aqui, o fundamento da crítica é uma "antropologia", e não o "modo de produção capitalista". A realidade econômica enquanto tal é estiolada, pensada em negativo por relação a uma sociabilidade primitiva. O ponto radical é a pressuposição de um universal — o

---

4. Sirvo-me aqui, parcialmente, da apresentação do percurso marxiano de Giannotti, anterior a Wittgenstein, feita por Rúrion Melo em "Crítica e contradição: qual herança marxista?". In: *Novos Estudos Cebrap*, "Dossiê Giannotti", n. 90, jul. 2011, pp. 21-32.

ser genérico — não constituído. Tratar-se-á então, para superar esse prejuízo, de buscar um "desdobramento meramente conceitual" do capital em substituição a uma "lógica do sensível".[5] Importa, assim — e essa tem sido a obsessão permanente de Giannotti —, traçar a "gênese lógica" das categorias, vê-las expressas no próprio sistema capitalista. Pela mesma razão, não se tratará de buscar a "gênese histórica" do capitalismo, perfazer a totalidade do processo dialético da história, o que seria ainda lidar com um universal meramente abstrato, mera "abstração filosófica" que daria unidade à história. Fica evidente aqui uma distinção entre "gênese lógica" e "gênese histórica", que, segundo Melo, é "a contribuição mais original" da interpretação de Giannotti.

Trata-se, desse modo, conforme essa leitura do Marx maduro, de mostrar a "gênese lógica", isto é, de mostrar a construção das categorias inerentes ao sistema capitalista — nesse sentido, específicas dele. O que haja ali de "pressuposto" histórico tem que ser "assumido" pelo sistema, e só nessa medida "atua" nele, isto é, tais "pressupostos" devem ser "re-postos" pelo sistema no progresso de sua efetivação. Daí por que Giannotti poderá dizer que naquele sistema haverá "logos sem Espírito Absoluto", quer dizer, "lógica" sem História Universal. Essa é uma condição que permite traçar a "gramática do capital".

A "gênese lógica" das categorias vai se centrar na teoria do valor-trabalho. Ali onde há mercado, "as relações de compra e venda se iniciam conforme um valor de uso se relacione com *todos* os outros produtos do mercado, que *aparecem* como seus valores de troca".[6] Mas, então, não apenas a mercadoria se relaciona com todas as outras advindas do mercado, como "todos os seus valores de troca passam a ser trocáveis entre si compondo, assim,

---

5. Giannotti, 2000a, p. 38.
6. Id., 2014, p. 19; grifos do autor.

um equivalente geral".[7] Daí o aparecimento de uma "unidade", o valor, "de que participa cada valor de troca individual". Trata-se de um "processo de abstração" que culmina na "ilusão" de que o mercado é "totalidade autônoma" — "ilusão necessária" a seu funcionamento. E mais: como se todos os atos de trabalho fossem medidos por um mesmo padrão, cada produto resultando então de um "trabalho social e abstrato", para além de suas diversidades.

O valor, convertido nessa "unidade fantástica", em "medida" a partir do qual são possíveis todas as atividades do sistema (produção, distribuição, troca, consumo etc.), requer, portanto, uma ilusão que supere toda diferença; do contrário, o processo de intercâmbio seria bloqueado. A abstração deve ser homogeneizante, "sem deixar restos".[8] Nesse caso, o produto de cada ato de trabalho é reciprocado por qualquer outro. Isso torna meu trabalho um caso concreto dessa norma em que se converteu o valor, como se fosse essa regra que gerasse meu ato de trabalho. Projeta-se então uma regra capaz de gerar suas instâncias individuais. O valor converte-se em regra interna ao processo mesmo que a efetiva. Daí o "movimento reflexivo" que "instaura formas de sociabilidade capazes de se mediarem a si mesmas, de relacionar-se com seus próprios conteúdos".[9]

Ora, acontece que essa "gênese categorial", que pretende acompanhar Marx de perto, vai encontrar limites: ela não dá conta da direção que tomou o sistema. O próprio Marx teria se dado conta disso. No livro III de *O capital*, ele ainda enuncia a lei interna que viria implodir o sistema — a tendência de queda da taxa de lucro —, mas, também ali, teria reconhecido várias forças que emperrariam essa tendência. A contradição entre capital e traba-

---

7. Ibid.
8. Id., 2000a, p. 73.
9. Giannotti apud Melo, 2011, p. 28.

lho que engendraria a superação do sistema "travou". O projeto de Giannotti é explorar esses limites: "antes estar atento aos limites do dizer e do pensar", diz ele, do que "pressupor no texto uma harmonia que ele não possui".[10] Tratar-se-á sempre disto: em vez de a oposição se radicalizar em uma contradição, ocorre uma desintegração, e aquela unidade pressuposta não é mais efetivada. A unidade da classe, por exemplo, que não se afirma como classe para si. Ou ainda: a diversidade da produtividade do trabalho, por efeito do desenvolvimento tecnológico; o trabalho individual teria que se transformar em trabalho coletivo, que, por sua vez, deve manter as condições de abstração que o socializaram; nesse caso, teria que valer o pressuposto de que a vantagem na produtividade teria sido, nesse processo de socialização, abolida. Giannotti pretende que isso não ocorre e que o próprio Marx, com o desenvolvimento da grande indústria, já teria posto em xeque esse pressuposto. Com isso, é a medida do valor que é impedida de se efetivar, graças à diversidade intrínseca da produtividade dos trabalhos, não mais reduzidos a uma unidade homogênea, do mesmo modo que também se perdeu aquela medida que unificaria a classe operária. A consequência disso é a suspensão da lei do valor-trabalho, e, com ela, a dispersão das atividades produtivas.[11]

Vê-se logo uma consequência dessa análise "categorial": uma ruptura entre o pensamento econômico e o pensamento político de Marx, um abandono da ideia de Revolução, pois, se a "contradição" entre capital e trabalho persiste, ela não abre mais a possibilidade intrínseca de superação política do sistema. Giannotti mantém o projeto de uma "gênese categorial" da sociabilidade capitalista, mas procura agora ultrapassar os limites do modelo marxiano. Para ele, essa é a forma de manter-se fiel ao projeto de

---

10. Giannotti, 2000a, p. 65.
11. Id., 2000a, pp. 94-7.

Marx. Verdade que, a certa altura, pareceu a Giannotti que o "capital estatal" poderia fazer "o antigo papel aglutinador do capital social total", como lembra Melo, o que permitia vislumbrar uma política em que os trabalhadores ainda pudessem governar o sistema produtivo; de algum modo, continuava a se vislumbrar ali a superação da contradição. Contudo, algum tempo depois, o mesmo projeto de análise crítica vai apontar para a ideia de uma "contradição travada"; dessa vez, o comprometimento da medida do valor já não vislumbra nenhuma homogeneidade possível; agora, o "capital estatal" cede lugar, nos termos de Rúrion Melo, "à dinâmica explosiva dos mercados nacionais e internacionais".[12] Ora, essa conclusão não põe em questão o projeto mesmo de crítica imanente do capital?

Afinal, se desaparece a capacidade de gerir o sistema produtivo, como, a partir dessa crítica, que, por sua vez, conduz agora a uma "contradição travada", ainda pensar uma política? De que "herança marxista" ainda se fala, se o modelo marxiano se assenta na contradição e se a política daí derivada é pensada a partir da contradição levada à superação? Essa é a questão posta por Melo. E ela tem um pressuposto com o qual Giannotti não parece estar de acordo: ela crê que novas formas de sociabilidade foram gestadas e que ultrapassam o quadro marxiano, isto é, novas formas de dominação não mais vinculadas às relações de classe. Daí por que a réplica de Giannotti traz a política novamente para o embate em torno do capital. Assim, em primeiro lugar, a teoria do valor-trabalho, embora não valha mais como "instrumento científico", permanece útil para indicar o *sentido alienado* das relações capitalistas; em segundo lugar, a política será, antes de mais nada, "reparadora" do sistema: vai caber à política aquilo que o capitalismo não consegue por si só: a "reparação do sistema". A luta por

12. Melo, 2011, pp. 30-1.

direitos será primeiramente, para Giannotti, a luta pelo direito de participar do sistema, "de uma economia capitalista bem planejada e sem crises".[13] A réplica de Giannotti consiste em manter, à sua maneira, uma atualidade de Marx. Mas isso com uma condição: a de aclimatar o pensamento marxista a uma nova possibilidade de pensar a "contradição travada", sem aquela superação ainda vislumbrada nos anos 1980. (Curioso que essa superação, via capital estatal, é formulada no momento em que tem início o processo inverso, de liberalização e internacionalização do capital financeiro...) A aclimatação se fará pelo recurso ao modelo wittgensteiniano. É daí que vai sair a nova política de Giannotti.

III

Por que Wittgenstein? Giannotti entende que o modelo pelo qual ele delineava o "esquema operatório", aquele que, reflexivamente, põe o caso como resultante de uma regra — a regra como significação prática criada no próprio percurso prático, e isso graças àquela homogeneização —, esse modelo comportava, no período marxista, um grave prejuízo que, mutatis mutandis, lembra uma das autocríticas de Merleau-Ponty, referindo-se a sua *Fenomenologia da percepção*: uma cisão entre os planos não verbal e verbal. O esquema significativo aparece então, na obra de 1983, como esquema não verbal conforme o modelo da teoria da expressão, distinta, essa, da teoria da linguagem predicativa. Essa cisão revela a impotência em vencer a dificuldade de pensar a contradição sem o idealismo hegeliano, que, se fazia do real um discurso, tornava este, no entanto, um discurso do Absoluto. Se a contradição só é pensável como discurso, trata-se então de pensar

---

13. Giannotti, "Dossiê Giannotti", 2011, pp. 57-8.

este último sem o viés idealista. E é exatamente essa possibilidade que a cisão entre verbal e não verbal bloqueia. A promessa do jogo de linguagem, inversamente, é vencer essa dificuldade.

A distinção entre os planos verbal e não verbal vai marcar definitivamente a leitura giannottiana da fenomenologia. O interesse pela fenomenologia se explica porque, ao lado de Wittgenstein, ela é fonte da revolução do pensamento moderno, aquela em que a predicação perde os privilégios milenares de que gozou, traduzidos na ideia de que pensamento e realidade têm a mesma estrutura que ela. Portanto, quando Giannotti se coloca a questão de superar a distinção entre os planos verbal e não verbal, isso deve ser entendido num registro em que nenhum dos planos é submetido à estrutura predicativa. Como funciona um pensamento antes da predicação? Como funciona um jogo de linguagem, em especial o não verbal? Eis as questões que as duas tradições inauguram. A fenomenologia vai persistir naquela distinção porque ela, segundo a leitura giannottiana, pensa o sentido a partir de uma série de reenvios. As referências dos perfis a um objeto, configurando então um "sentido", "aglutinando-se num objeto com sentido",[14] é o modelo mais geral desse lógos e é ele que, aqui e acolá, invariavelmente, Giannotti censura. Esse modelo só aparece em Husserl depois da entrada em cena da estrutura temporal da consciência. Aparentemente, a peculiaridade do modelo husserliano importa pouco, pois o que Giannotti quer ressaltar, para além das diferenças entre Husserl, Heidegger e Merleau-Ponty, suas referências mais diretas, é aquilo com que os "fenomenólogos em geral"[15] estariam de acordo: haveria, para todos eles, uma camada expressiva anterior à bipolaridade, um pré-predicativo que, embora varie de autor para autor, será sempre, em todo caso, an-

---

14. Id., 1995, p. 187.
15. Ibid., p. 202.

terior à linguagem predicativa. O núcleo do problema reside então na distinção e anterioridade do "expressivo" em relação ao "lógico". Haverá um domínio do *verdadeiro* — também para Husserl? — que é anterior aos valores de verdade, "verdadeiro" e "falso".[16]

Wittgenstein, ao contrário, vai ampliar sua concepção de Lógica e implodir essa cidadela dos fenomenólogos, seu último reduto, ali onde a "ontologia" precede a "lógica". Esse reduto sobreviverá enquanto for pensado como uma síntese em curso, síntese daquela multiplicidade de perfis, segundo uma série de reenvios, que se funda, por sua vez, na temporalidade. Ora, de acordo com sua autocrítica, esse modelo ainda vigorava em *Trabalho e reflexão*. E vigorava no momento de pensar o caráter reflexionante do trabalho, pois, se é verdade que o trabalho se torna caso concreto de uma regra instituída por essa mesma prática, é verdade ainda que a *reposição* dos diversos momentos desse processo pela distribuição e troca — reposição que aparece como condição da análise categorial — se realiza em um objeto outro, a mercadoria, à maneira justamente daquela síntese temporal de perfis que se "aglutinam" em um objeto. Para Giannotti, a dificuldade está na *clivagem* que esse modelo instaura entre os planos do sentido e do objeto, o ontológico e o lógico. Nesse caso, aparentemente, aquilo que é uma relação entre perfil e objeto se torna, na pena de Giannotti, uma relação entre o plano da significabilidade e do objeto predicável, o que é já uma torção do modelo, pois a transcendência da coisa, não o objeto predicável, é o ponto de fuga dos reenvios. A alternativa wittgensteiniana, por sua vez, exige romper com essa distinção, o que só será feito se esse nível não verbal não for tomado como pré-lógico e significativo por si mesmo. Pois, nesse caso, essa estrutura casa-se mal com a linguagem, o que acarreta uma "mistura" de "dois procedimentos de análise". E ele

---

16. Ibid., p. 17.

teria incorrido nesse erro: "em meu texto se tornavam obscuras as relações entre os esquemas operatórios e as estruturas lógico-linguísticas propriamente ditas".[17] E pouco importa, por exemplo, que Merleau-Ponty faça também sua autocrítica e busque um acordo entre os planos verbal e não verbal — em verdade, na fase final de sua obra, Merleau-Ponty vai abandonar o modelo do reenvio temporal em proveito de outro, descoberto pela fenomenologia da linguagem. Não importa porque o alvo de Giannotti é o de expandir o domínio da lógica, implodindo aquele "verdadeiro", aquele plano pelo qual se "está no verdadeiro", aquele da "abertura", aquele, enfim, que fundaria o plano lógico, e isso será feito tomando-o já como lógico e, portanto, já impondo ali os valores de verdade — isso tudo, claro, para o domínio do pré-verbal.

Que será uma seta do pisca-pisca de um automóvel? Para Heidegger, um sinal cujo ser de sinal consiste na remissão a algo, e não um ente subsistente dotado da propriedade de sinalizar. O essencial aqui está, novamente, na remissão ou reenvio (*Verweisung*). O jogo de linguagem rompe com esse modelo na medida em que, em primeiro lugar, "empresta um caráter *lógico* à oposição entre desviar-se ou ficar parado", e isso porque a seta será "regra e critério para que comportamentos sejam ditos corretos ou incorretos".[18] Portanto, já de partida, a seta aparece como elemento de um jogo de linguagem. A ênfase no uso, implicada nos dois casos, será diferente, contudo, quando este for visto no interior de um jogo de linguagem: nesse caso, ele já será visto à luz de uma regra que informa se o ato é adequado ou não. A seta já diz como as pessoas *devem* se comportar em relação ao veículo. Vai haver aqui uma *duplicação*, a chave mais preciosa de Giannotti, que consiste em uma separação entre significantes e significados, ausente

---

17. Id., 1995, p. 13.
18. Ibid., p. 201; grifo do autor.

no primeiro caso, um "jogo dual" que distingue os dois planos e opera sobre o primeiro plano "para instituir o segundo como alvo de atos intencionais de significação".[19] O jogo consiste em transformar sinais em signos, coisas em símbolos. Essa duplicação tem como alvo mais geral a má reputadíssima "filosofia da consciência", que está no horizonte da leitura giannottiana da fenomenologia *em geral*: para a "filosofia da consciência", a relação se passa entre a consciência e a significação, já que o signo só significa enquanto assim instituído pela consciência. Mas esse adversário não é assim tão fácil de ser batido; invariavelmente, ele renasce das cinzas: não só a fenomenologia, mas o primeiro Wittgenstein e o próprio Giannotti também cederam a ele. Vejamos como.

Aqui, vale uma remissão à interpretação que Luiz Henrique Santos dá do *Tractatus* não só porque ela "leva água para o moinho de Giannotti", mas porque, a partir dessa interpretação, o próprio Luiz Henrique expõe com clareza o que Giannotti busca no último Wittgenstein. Vale no *Tractatus* o seguinte princípio, diz Luiz Henrique: "a representação proposicional é concebida como uma *operação* de projeção figurativa de um fato possível do mundo, a ser representado, em um outro fato do mundo, feito um símbolo, pela aplicação, a seus elementos, de regras sintáticas". Vários são os problemas que esse modelo comporta: i) uma depuração do pensamento à forma da proposição, tornado operação complicada segundo um conjunto de regras sintáticas e semânticas; e, para Giannotti, trata-se precisamente de tomar o pensamento como prática, antes da proposição; a noção de "jogo" vem para substituir esse modelo; ii) pensamento e mundo devem compartilhar a mesma forma essencial, o mesmo transcendental, supondo uma "harmonia" de fundo; iii) o pensamento é reduzido a uma essência, sem vínculos empíricos, projetando um sujeito

---

19. Santos, "Dossiê Giannotti", 2011, p. 8.

metafísico retirado do mundo.[20] Assim, o *Tractatus* ainda guarda elementos comuns à filosofia da consciência. Em face disso, será preciso fazer o pensamento descer ao mundo e estendê-lo a uma pluralidade de atividades simbólicas, aos mais variados usos que fazemos dos símbolos, e isso em práticas discursivas e não discursivas, o que é essencial para Giannotti. O pensamento não mais se prende a essências, apenas a regras instituídas e arbitrárias, tão diversas quanto são os diferentes jogos de linguagem que nos dispomos a jogar.

A partir daqui, Giannotti vai poder dar livre curso à noção de *transcendental prático*, "algo com que sempre sonhou".[21] Agora, um símbolo significa pelo seu "valor de uso", conforme regras daquele jogo, não limitadas por nenhum a priori. A partir daqui, será possível redefinir o "esquema operatório" e pensar o "transcendental prático", justamente o que ainda lhe faltava em *Trabalho e reflexão*, pois ali o "esquema operatório" e o nível "lógico-linguístico" ainda não se ajustavam. Agora, o que antes Wittgenstein denominava "condições de sentido" se tornam "condições práticas" da aplicação de regras, isto é, condições de possibilidade de tal prática simbólica. O conhecimento da regra se dá na prática de segui-la "em seus diferentes casos particulares de aplicação possível". A regra não é um a priori destacado da prática, um fundamento da prática. Ela se mostra na própria prática, e a prática, por sua vez, é já delineada como tal à luz da regra; há aí um "círculo virtuoso", como diz Luiz Henrique, e que define o modelo reflexionante de Giannotti. O conjunto daquilo que configura o transcendental — pois, para seguir regra, é preciso um "conjunto de aptidões, natural e culturalmente arraigadas"; é preciso também a "existência de objetos apropriados para servir como objetos de

---

20. Ibid., pp. 9-10.
21. Ibid., p. 13.

comparação"; e, ainda, "fatos naturais e culturais muito gerais" — esse conjunto, as aptidões, os objetos e os fatos devem se *apresentar*: a *apresentação* (*Darstellung*) desse espaço de possibilidades é condição para que o mundo possa ser *representado* de certa perspectiva prática. E como esse transcendental não é senão pedaços do próprio mundo, "são as *mesmas* coisas e os *mesmos* fatos que podem ser *descritos* de um ponto de vista representativo e podem ser *apresentados* como pressupostos das regras de sentido que constituem esse mesmo ponto de vista".[22]

O princípio da duplicação se manifesta nessa distinção entre representação e apresentação. E não por outro motivo Giannotti dá especial atenção a "ver algo como algo". Se vejo linhas traçadas no papel "como desenho de pato ou como desenho de lebre, é porque, antes de mais nada, vejo as linhas". Não vejo as linhas como vejo desenho de pato ou lebre: se vejo este, não vejo aquele, mas, em qualquer caso, vejo aquelas; quer dizer, eu as vejo *como* X ou Y. As linhas que vejo se *apresentam* também, as mesmas linhas, como meios de representação visual de pato ou lebre. Nem por isso essas linhas são fundamentos antepredicativos, pois não configuram um meio expressivo que preceda a representação, meio em que os objetos teriam sentido neles mesmos, conforme o modelo fenomenológico dos reenvios, e por isso se constituiria como fundante. Quando vejo as linhas, já as vejo *como* pato ou lebre, já ali "ecoa um pensamento".[23] Elas não fundam uma linguagem; antes disso, já aparecem à luz de uma linguagem, que aqui se amplia, incorporando jogos de linguagem não verbais. Para voltar ao exemplo da seta do automóvel, esta será "elemento de um jogo de linguagem referente aos sinais de trânsito em geral, constituindo então um elemento dos meios de apresentação dessa lingua-

---

22. Para todo esse parágrafo, ver Santos, 2011, pp. 13-5.
23. Ibid., 2011, p. 16.

gem".²⁴ Assim, em vez de aparecer como algo que remete a algo, e assim sucessivamente, conforme o modelo da intencionalidade noemática, e configurando um meio expressivo, essa indicação do caminho "se constitui simultaneamente com a instalação de uma regra para *dizer* se os atos operados em relação a ela são adequados ou não". E somente assim a orientação se "exprime", isto é, "enquanto a seta for usada como critério do sim e do não".

Qual o "erro" da fenomenologia? Giannotti o aponta em duas direções diferentes, embora os considere como um único. Se o "erro" consiste em recuar ao meio de apresentação, tomando-o como meio expressivo, anterior à lógica da linguagem, ele se manifesta, em uma primeira direção, em "atribuir às regras, em consequência aos objetos a que elas se aplicam, propriedades dos objetos relativamente simples que permitem que tais regras sejam empregadas e exercidas".²⁵ Aqui, o "erro" consiste em tratar como transcendental o que é fatual, em atribuir ao pato propriedades das linhas, como se o pato pudesse ser *apresentado*. Mas o pato requer alguma "técnica",²⁶ alguma "comparação", ao passo que as linhas, por sua vez, pertencem ao conjunto das condições. Por isso, para Giannotti, o fenomenólogo erra quando diz que o sentido está ali, *no próprio objeto*,²⁷ isto é, nas linhas: para que ele se manifeste, é preciso algo mais, aquela técnica, aquela comparação, é preciso que ali "ecoe um pensamento", de modo que o sentido não vem dali, do objeto. Para que um objeto seja expressivo, por exemplo, para que um tal homem exprima a alma humana, é preciso que ele "seja visto *como* imagem" da alma humana que, como tal, nele se reproduz.²⁸ O fenomenólogo, ao contrário, liga

---

24. Giannotti, 1995, pp. 201-2.
25. Ibid., pp. 203-4.
26. Santos, 2011, p. 16.
27. Giannotti, 1995, p. 202.
28. Ibid., p. 203.

o perfil ao objeto, isto é, ao sentido, sem comparação interposta, de modo que a expressividade está inteira no objeto — ou, para ser mais preciso, o sentido está *nele*, porém não de modo imanente, ressalva que, contudo, não acarreta aquela interposição exigida pelo jogo de linguagem. Um pouco antes, Giannotti formulara sua crítica em uma direção inversa: a fenomenologia atribui "ao meio de apresentação o mesmo tipo de existência daquilo que é passível de ser expresso por um lance do jogo de linguagem".[29] Dessa vez, ela trata como fatual o que é transcendental: entre o meio de apresentação e aquilo que é representado, entre as linhas e o pato ou a lebre, a fenomenologia vê "mesmo tipo de existência", como se as linhas pudessem ser *representadas*: ela trata como fato aquilo que é apenas um *meio de apresentação*.

Em qualquer dos casos, ela incorre no "engano da Metafísica", que consiste na confusão dos planos. Ou, antes, consiste em que, confundindo os planos, ela pretende, pelo segundo erro, conhecer o que são antes condições para a prática do pensamento, e, pelo primeiro, pela expansão da expressividade, pretende tornar autônomo o meio de apresentação, razão pela qual pode tomá-lo como fundante. É preciso, de um lado, distinguir os planos, pelo princípio da duplicação, e, de outro, não tornar essa distinção absoluta, como se houvesse, a partir do primeiro plano, a fundação de uma linguagem: a distinção é apenas "relativa e funcional"[30] e o meio de apresentação é apenas um pressuposto de uma linguagem já *dada* e inteiramente arbitrária. Essa distinção "relativa e funcional" também afasta Giannotti, como bem observa Luiz Henrique, do naturalismo: não é por rejeitar a oposição absoluta que ele abre mão da oposição entre transcendental e empírico.[31] Isso é importante para a rejeição, depois, do cientificismo

29. Ibid., p. 202.
30. Santos, 2011, p. 13.
31. Ibid., pp. 12-3.

economicista e para a manutenção da teoria do valor-trabalho, sem interesse para a teoria econômica: a teoria do valor-trabalho é ainda o instrumento para explicar o modo de produção capitalista, que depende da produção de excedentes,[32] e, correlativamente, para dar conta da alienação que lhe é constitutiva.[33]

IV

Giannotti teria então, finalmente, resolvido o problema que o atormentava desde sempre: o da passagem de Hegel a Marx, isto é, de uma lógica do absoluto a uma lógica materialista, ou, ainda, de uma lógica que descrevia um lógos a outra que a inverte e na qual mal cabe a contradição, pois é do real que ela pretende falar. Quer dizer, faltou a Marx completar sua lógica e explicar como a contradição, que é uma estrutura do discurso, pode funcionar no real.[34] Não é *na letra* dos textos de Marx que se vai encontrar resposta à questão: "que sentido pode adquirir a contradição quando ela se desloca dos cânones da lógica hegeliana?",[35] pergunta-se Giannotti em *Certa herança marxista*, de 2000. Tudo o que ele precisava era de um lógos, mais precisamente de um lógos prático, algo que lhe permitisse explicar práticas sociais segundo uma lógica própria. O jogo de linguagem foi a alternativa. Tratar-se-á agora de tomar as estruturas do capital como jogos de linguagem não verbais.

O Marx de Giannotti pode então deslocar a descrição hege-

---

32. Giannotti, 2012, p. 69.
33. Para uma apreciação dessa mesma relação (Heidegger/Wittgenstein) no pensamento de Giannotti, e de um ponto de vista diferente do meu, ver Marcos Nobre, 2011, "Dossiê Giannotti".
34. Giannotti, 2012, p. 58.
35. Id., 2000b, p. 262.

liana do processo de formação da riqueza social, que ali aparece como "puro lógos", como "discurso racional", e que, por isso, termina por apagar o "confronto social efetivo". A "substancialidade conceitual" hegeliana vai ceder lugar a outro modelo, que, para Giannotti, é o que introduz a "ilusão necessária", ilusão capaz de efetivar esse processo e que é relativa, sobretudo, a padrões de medida do trabalho social. Tomando distância da dialética hegeliana, que faz de toda diferença uma qualidade, um "processo *autônomo de diferenciação*", Marx toma o valor como "identidade *qualificada* como fetiche". E a quebra dessa "aparência fetiche" implica reconhecer que o valor "provém da forma pela qual trabalhos concretos passam a ser medidos por uma abstração real e necessária".[36]

Com esse deslocamento, vem o reconhecimento da exterioridade das forças produtivas, "exterioridade alógica", "entidade irredutível ao ser pensado". Se os opostos devem se converter em contraditórios, seria preciso uma reflexão que os simplificasse e os colocasse como para si, mas agora identidade e contradição remetem ao movimento das relações sociais de produção e forças produtivas. Essa "contraparte natural" oferece uma limitação ao movimento reflexionante. Ali onde o capital deve se pôr como bom infinito, ele o faz como "bom infinito ilusório", que "encobre uma forma específica de dominação". Para pensá-lo segundo esse novo modelo, será preciso tomá-lo como "sistema de pensamentos práticos" — na versão de Giannotti, como "lógos prático dotado de gramática". Essa gramática delineia uma "ontologia do social", a partir da qual se pode ver o "modo de constituição" dos elementos, em vez de, como na ciência, tomá-los como dados. Esse modo é o de um "processo reflexionante que se repõe a si mesmo". E um tal processo vai levar à taxa de mais-valia, "instrumento pelo qual se descobre a razão de ser de um sistema produ-

---

36. Ibid., pp. 264-6.

tivo que se coloca como fim em si mesmo". O fundamento que ilumina o sentido das ações mostra-o, portanto, como um sentido *alienado*, pois ele revela que "a dominação da natureza pelo homem mediada pela dominação do homem pelo homem arma-se como fetiche a roubar o sentido das ações de todos os agentes. O fundamento se mostra relação ocultada de poder".[37] Se o logicismo místico de Hegel não pode dar conta desse processo reflexionante, desse "funcionamento reflexionante de esquemas de ações que encontram seus próprios padrões de medida", como compreender essa lógica social?

É aqui que entram Wittgenstein e a nova relação entre linguagem e real: se, por um lado, é preciso escapar do discurso hegeliano, por outro, não se pode deixar escapar esse real ao discurso, isto é, ao lógos. É essa a obsessão de Giannotti. Somente assim, crê ele, será "possível acentuar o lado expressivo da reflexão do capital".[38] Que é expressão aqui? A seta do automóvel indica um caminho e, com ela, se constitui uma regra que informa se a ação em relação a ela é adequada ou não. A ação é *expressiva* na medida em que a seta for usada *como* critério de sim e de não, isto é, na medida em que a ação se pauta por esse critério, e assim a seta se *apresenta como* regra; é assim que ela se torna um elemento de um jogo de linguagem do trânsito. Ora, nesse processo de ver a seta *como* parâmetro, separaram-se duas coisas, ou se aplicou o princípio de duplicação: o objeto e a medida,[39] a seta como meio de apresentação e a medida que pauta a ação. Do mesmo modo, a mercadoria, o dinheiro etc. são termos de um jogo de linguagem na medida em que servem de "parâmetro aos pensamentos e às

---

37. Ibid., pp. 267-72.
38. Ibid., p. 280.
39. Id., 1995, p. 203.

ações concretas que se pautam por eles em seu processo de socialização": é a partir deles que "as atividades produtivas se tornam adequadas ou não", e, portanto, certos comportamentos se socializam e outros não. E, de modo reflexionante, o próprio parâmetro passa a se ajustar aos resultados do processo.[40] Assim, já não se trata mais de pensar o trabalho, conforme seja reposto, como meramente se projetando na mercadoria, objeto contraditório, valor de uso e valor de troca, à maneira da síntese temporal de perfis da fenomenologia.[41] A reposição e o caráter reflexionante já apareciam ali, mas não se configuravam ainda como essa *medida* perfeitamente integrada ao discurso. Giannotti teria encontrado aqui, com o jogo de linguagem, como pensar a medida e a lógica social.

Ora, ocorre que a medida contém em si mesma uma contradição — coisa que Wittgenstein, por outro lado, nunca considerou, segundo Giannotti. Assim, o produto do trabalho, uma vez tornado homogêneo a todos os produtos trocáveis, retira de cada ato efetivo de trabalho sua finalidade determinada (que é obter valor de uso) e impõe nova finalidade social: o valor, identidade comum a todas as mercadorias, nega as perspectivas particulares, produtoras de valores de uso. Ou ainda: a socialização só se fará para os atos de trabalho que produzirem mais-valia: com isso, nova finalidade é imposta ao processo social de medida. É por aqui, finalmente, que Giannotti pode conservar com mais força a "herança marxista". Vêm daí, dessa contradição da medida, a possibilidade de bloqueio do processo reflexionante, a possibilidade de crises, de reivindicação de novas formas de medida: a crise será sobretudo crise da medida, da maneira como as formas se medem entre si, da comensurabilidade, ou de "recusa dos parâmetros quantitativos que asseguram a continuidade do movimento auto-

---

40. Id., 2000b, pp. 280-1.
41. Id., 1995, pp. 12-3.

valorizador do capital"[42] — e essa crise explicita e ameaça a contradição originária, o confronto entre capital e trabalho. Ora, é aqui que o núcleo da *política* de Giannotti se afirma: a política ultrapassa o mero jogo de poder quando visa ao "modo como se medem a riqueza social, sua produção e distribuição"; nesse caso, a luta se faz não por interesses, mas por "critérios diferentes", o que implica dizer que ela põe em questão a "justiça social".[43] A política deve, portanto, reafirmar a luta de classes, explicitar a *contradição*, aquela por meio da qual se produz a riqueza; e, ao contrário, ela será mero jogo de poder quando se reduzir a simples "negociação contínua do statu quo", quando omitir a "questão da justiça social".[44] Para tanto, será preciso que se arme de conhecimento, que conheça, na crise que se efetiva, aquele abismo entre a "nova forma", a "nova figura" constituída pela lógica das categorias, e sua "efetividade social", abismo que se explicita como crise da medida. Será preciso que a política venha ser "científica":[45] ela deve se armar do conhecimento da lógica social. Tarefa tanto mais urgente porque a ciência se transformou em força produtiva, o que simplesmente rompe com a possibilidade de subsumir a diversidade dos trabalhos a uma única medida social: ali naqueles setores produtivos dominados pela alta tecnologia, a força produtiva não se traduz mais em termos de valor, e sim do *poder* de comandar o processo produtivo.[46] A análise "científica" do real deve mostrar as "travações profundas" que empeiram o desdobramento das categorias e suas condições de apresentação; sem ela, a política será mera "ideologia".[47] Ausente

42. Id., 2000b, pp. 281-6.
43. Ibid., p. 287.
44. Ibid., p. 333.
45. Ibid., p. 279.
46. Ibid., pp. 289-91.
47. Ibid., p. 306.

do horizonte de Giannotti a política revolucionária, aquela que deve levar o proletariado a se constituir como classe para si, ao ponto de o antagonismo de classes vir a ser contradição — ausência que se impõe, pois a ilusão necessária impede a contradição de ir ao ponto da simplificação dos termos —, o que será a política de Giannotti?

O modo de produção capitalista é um "extraordinário exemplo de jogo de linguagem não verbal" — com o adendo de que ele só se completa "por meio de uma irracionalidade profunda", o que impede tomar aquela racionalidade como "produção dos meios em relação aos fins", pois isso deixaria de lado seu "avesso".[48] Sem uma análise do fetichismo do capital, portanto, a racionalidade do modo de produção capitalista é incompleta. Será preciso então se perguntar o que significa seguir uma regra quando esta é um fetiche: nesse caso, a intenção do ato individual é roubada pela aceitação desse objeto-regra, por exemplo, o dinheiro.[49] Aqui, operaram duas dimensões: de um lado, a dimensão *representativa* das situações possíveis, demarcadas pela regra, e que delimitam comportamentos que são ou não são adequados; e, de outro, a dimensão de *apresentação*, a envolver forças produtivas, ou, mais amplamente, o mundo articulado para a produção capitalista;[50] esse é o plano daquilo que é tacitamente admitido, daquelas certezas tácitas que são condição para o funcionamento do jogo de linguagem, quer dizer, para que um elemento desse sistema se reporte a situações possíveis. As duas dimensões são complementares, como luz e sombra. E se ali o elemento representativo, ou antes, o "símbolo fetiche",[51] "suspende", "rouba" a intenção de cada ato individual, e o faz em virtude da própria "finalidade",

48. Ibid., pp. 322-3.
49. Ibid., pp. 324-6.
50. Ibid., p. 327.
51. Ibid., p. 325.

de sua "finalidade em si mesma", é então que a contradição se instala "no nível da própria realidade social": o capital imprime às relações sociais de produção uma finalidade em si, "o crescimento por si da produção da riqueza social".[52] Ora, é precisamente no controle do padrão de medida que está o "mistério" da dominação do capital, a ponto de se tornar como que um "sujeito automático".[53] É ali, portanto, que se joga a verdadeira política.

V

No prefácio de seu *A política no limite do pensar*, Giannotti lembra o "salto" que esse texto pretende dar em relação a sua produção anterior. Trata-se de pensar a política a partir da contradição, do conflito, daquilo que é o "limite do pensar", e portanto pensá-la à maneira de Carl Schmitt, isto é, a partir da relação amigo-inimigo.[54] Mas não é só nisso que Giannotti reclama "inspiração" em Schmitt: também no fato de que ele procura pensar a política "além dos limites do Estado moderno",[55] sem a centralidade do Estado. O político, em Schmitt, indica um grau de antagonismo, sem domínio próprio, de modo que qualquer domínio pode vir a tornar-se político (religioso, econômico etc.). No entanto, para Giannotti, trata-se de pensar essa exacerbação política como jogo de linguagem. Voltemos ao texto, a esse momento de abstração.

Giannotti descarta o direito ou a soberania popular como fundamento da sociedade política. Ele pretende romper com qualquer base, seja "objetiva ou subjetiva". A sociedade política

---

52. Ibid., p. 327.
53. Ibid., p. 329.
54. Id., 2014, prefácio, p. 24.
55. Ibid.

não se "apoia" em uma *polis*, em um povo legislador, à maneira de Rousseau, no direito natural, à maneira do jusnaturalismo, no "direito de ter direitos" de Hannah Arendt. Por outro lado, é verdade que colocar o conflito no centro da sociabilidade não implica ausência de uma "comunidade". Trata-se antes de não tomar essa "comunidade" como "pressuposta": a perspectiva é a do "vir a ser" dessa "comunidade". Sem fundamento, trata-se então de mostrar como, afinal, essa "mesmidade" se constitui. A contradição não apenas opõe amigos a inimigos, como em Schmitt; ela deve ainda tornar possível esse "vir a ser" da "comunidade". Na solução de Giannotti, a contradição define a regra pela qual a "comunidade" vai se afirmando, ou, dito de outra forma, ela traça o horizonte possível da "comunidade".[56]

De início, ele faz a crítica dos "fundamentos" por meio de uma análise da "vontade geral" de Rousseau. A "vontade geral", como é bem sabido, não é a soma das vontades particulares. Se a minha opinião particular é vencida em uma assembleia, isso prova apenas, segundo Rousseau, que eu estava enganado. Note que o argumento fala de uma vontade *particular*. Ora, rebate Giannotti, ocorre que, uma vez consumadas, as vontades particulares contrárias — a contrariedade supõe um terreno comum — não são mais contrárias, elas se convertem em mero erro de julgamento. Razão pela qual, conclui ele, a "vontade geral" é "devoradora do particular". Aqui, há um "ponto cego" na teoria de Rousseau, que, não obstante ter inspirado lutas pela liberdade, é matriz do "terror", pois tal "vontade" se cristaliza em uma "vontade substancial sem fissuras". O *Leviatã* de Hobbes não escapa da mesma análise: aquele "poder comum", aquela "pessoa única", aquele "soberano" conforma a vontade de todos numa "*arché* absoluta" que "não pode comportar nenhuma contradição interna".[57]

---

56. Ibid., pp. 3-5.
57. Id., 2014, p. 10.

A esquerda contemporânea tampouco consegue pensar a contradição. Nos embates de Giannotti, seu alvo principal são os franceses Lacan, Deleuze e Foucault, mas, entre eles, sobretudo Foucault.[58] Giannotti comenta uma passagem do *Nascimento da biopolítica* em que Foucault compara sua "lógica da estratégia" à "lógica dialética". O ponto em questão é central para Giannotti. Enquanto a dialética, diz Foucault, joga com "termos contraditórios", fazendo-os valer no elemento do homogêneo, "que promete sua resolução em uma unidade", a estratégia lida com "termos disparatados", não com "contraditórios", e a lógica é então a "lógica da conexão entre os heterogêneos", sem homogeneização, os termos permanecendo "disparatados". Na ocasião, tais termos são a "axiomática fundamental dos direitos do homem", "axiomática revolucionária", de um lado, e, de outro, o "cálculo utilitário da independência dos governados" ou o "caminho empírico e utilitário que define, a partir da necessária limitação do governo, a esfera de independência dos governados". Há "conexão" entre os dois "sistemas heterogêneos", diz Foucault.[59] Giannotti comenta assim: essas diferentes estratégias "precisam ser conciliadas", elas "existem *se contradizendo* e se ajustando" (grifo meu). Com isso, até que ponto Giannotti não reintroduz o "homogêneo" que Foucault pretende afastar? Esse é o pomo da discórdia. Se os termos existem se contradizendo e se ajustando, então o problema passa a ser o seguinte: nem por isso elas "formam um sistema discursivo contraditório". Noutras palavras, Giannotti trata os termos disparatados, ou diferentes, como contraditórios. E, a partir de então, nota que eles precisariam formar um "sistema

---

58. Giannotti não os coloca explicitamente como de "esquerda" ou de "direita", até porque a dificuldade com a contradição é tanto de um lado como de outro. Essa observação vale sobretudo para Lacan, cuja ocorrência no texto é meramente enumerativa.
59. Foucault, 2004, pp. 44-5.

discursivo",[60] pois, fora do discurso, a contradição é impensável. E é justamente isso que Foucault não consegue pensar. A partir daí, a questão passa a ser a do modelo desse sistema discursivo capaz de comportar a contradição e, com ela, a de saber "como se age" a partir dessa contradição.[61] E ele finalmente arremata sua maior objeção: esse modelo não será o heideggeriano, aquele que, para Giannotti, é o de Foucault, e cuja decisão só pode se traduzir em uma "insurreição", em uma "emergência" num "instante", à maneira precisamente da "decisão", da "resolução" (*Entschlossenheit*) tal como aparece em *Ser e tempo*. Falta em Heidegger como em Foucault aquela regra que diz se tal ato é adequado ou inadequado, o que é precisamente a virtude do jogo de linguagem. Mas por que pensar Foucault a partir de Heidegger, e não, por exemplo, de Nietzsche, referência bem mais óbvia — e, na ocasião, a mais adequada —, quando se trata de pensar a luta fora do modelo da dialética? Na história giannottiana da filosofia, porque Heidegger é o outro de Wittgenstein, porque é ele, melhor que qualquer outro fenomenólogo, quem formula aquilo que é essencial ao embate crucial: o sistema do antepredicativo.

A objeção a Foucault se prolonga ainda em outras análises, sobretudo dos tipos de luta descritos por ele. Em toda luta, apresenta-se a questão da resistência. Importa a Giannotti, como sempre, mostrar nas formas de resistência "o momento-limite da contradição", aquele que põe no horizonte a luta até a morte: essa situação-limite é precisamente o momento da contradição. O "historiador" Foucault não pode ignorar que o problema não é apenas empírico; o que significa, para Giannotti: a questão lógica da contradição não pode ser ignorada. Dado esse passo, a questão passa a ser formulada nos seguintes termos: as lutas se opõem a "formas de dominação", "formas de exploração" ou "formas de

---

60. Giannotti, 2014, pp. 16-7.
61. Ibid.

sujeição". Ora, quem dá esse passo é o próprio Foucault e, ao fazê-lo, ao reconhecer tais "formas", o nominalista Foucault já se compromete: ele afirma um *geral* diante do qual se põe a resistência, e a questão, para se tornar giannottiana, passa a ser a de saber como tais "regras formais" se "exercem" e como elas são "seguidas". Giannotti, enfim, dá o mesmo passo: ele transforma a disputa foucaultiana em "sistema discursivo contraditório".

Ora, mas de todo o embate com a esquerda, o mais esclarecedor é o que ele faz com Agamben — embate preferido de Giannotti porque ele se projeta em um outro, com a esquerda brasileira, não travado no campo de batalha, mas referido com ironia. O ponto de fuga desse embate é o decisionismo de Schmitt. Em face do jogo de linguagem, tal decisionismo aparece como de "inspiração heideggeriana".[62] Esse núcleo não é só da direita, mas também, Giannotti está certo disso, da esquerda. E se Agamben tem um interesse político particular, acresça a isso não só o fato de ele recuperar esses mesmos motes de Schmitt, como ainda de explicitar uma concepção da relação entre linguagem e mundo que serve melhor aos propósitos críticos de Giannotti. Assim, a aproximação entre direita e esquerda é particularmente interessante para a sua estratégia porque ele pode então fazer aparecer sua alternativa não como a tradicional terceira via, um meio-termo amorfo e indeciso entre duas opções clássicas, entretanto, empurrados os dois adversários para o mesmo barco, o barco do autoritarismo, sua opção pode aparecer como *a* alternativa, a única autenticamente democrática.

---

62. Ibid., p. 24. Giannotti insiste nisso, mas há aqui um problema evidente de datação. A primeira edição de *O conceito do político* é de 1927, contemporâneo de *Ser e tempo*, e a primeira edição de *Teologia política*, na qual Schmitt formula claramente, pela primeira vez, seu "decisionismo", é de 1922. Talvez fosse o caso de dizer que Giannotti combate menos Heidegger do que um modelo de que Heidegger é a expressão mais fecunda.

VI

Agamben retoma o debate, a "luta de gigantes", entre Benjamin e Schmitt acerca, de um lado, da "indecidibilidade última de todos os problemas jurídicos" e, de outro, da "soberania como lugar da decisão extrema".[63] A tese decisionista de Schmitt, explicitada em 1922, tem que garantir que a decisão não seja um elemento exterior ao direito: certamente, o lugar da soberania não é interno ao direito, mas tampouco lhe é externo. Isso é essencial para Schmitt porque a violência soberana não estará, nessa medida, fora do direito. Conforme a lúcida interpretação de Agamben, Schmitt respondia à "violência pura" do ensaio "Crítica da violência: crítica do poder", de Benjamin, publicado um ano antes, uma violência "fora" do direito, que quebraria a violência que "funda" (poder constituinte) e a violência que "conserva" (poder constituído) o direito, tese de Schmitt sobre a "ditadura soberana", em *A ditadura*, um pouco anterior ao ensaio e também de 1921. Para Schmitt, ao contrário, em tréplica a Benjamin, é preciso trazer a violência para o âmbito do direito — ou, antes, para dentro, mas também para fora, pois, como se trata aqui do Estado de exceção, ela está dentro e fora do direito. A alternativa de Schmitt, em *Teologia política*, em face da tese de Benjamin, é afirmar uma violência soberana que não mais funda nem conserva o direito, porém o suspende.[64] Isso vai marcar uma distinção essencial entre os dois autores para a qual Giannotti não atentou. Antes, contudo, de apontar o que significa essa distinção, é preciso voltar ao Estado de exceção, isto é, à anomia, a esse vazio em torno do qual eles combatem, luta tão decisiva para a política ocidental, garante Agamben, quanto o foi para a metafísica ocidental

---

63. Agamben, 2004, p. 86.
64. Ibid.

aquela outra luta de gigantes acerca do ser, a *gigantomachia peri tes ousias*.[65]

O Estado de exceção suspende a norma, portanto, "introduz no direito uma zona de anomia", e o faz "para tornar possível a normatização efetiva do real". Ele "separa a norma de sua aplicação para tornar possível a aplicação".[66] Portanto, a norma vige, no entanto sem aplicação. Agamben compara tal estado com o da língua separada da fala: os elementos linguísticos existem ali sem denotação real. Assim como, de um lado, a fala pressupõe a língua, de outro, "a norma pode referir-se à situação normal pela suspensão da aplicação no Estado de exceção".[67] Ora, mas como uma norma pode ser "aplicada"? A aplicação da norma não está contida nela, nem pode ser deduzida dela, insiste Schmitt no debate com o normativismo. Essa aplicação não é lógica, como não é lógica a passagem da língua à fala. Não há, pois, "relação interna" entre a norma e sua aplicação. Elas estão "separadas". O Estado de exceção leva essa separação ao limite máximo e, ao fazê-lo, revela não apenas como funciona o direito, mas se revela uma estratégia a serviço do direito. Aqui, um ponto central da leitura de Agamben. No Estado de exceção, a lei não se aplica, não tem força, e atos sem valor de lei têm força: é uma "força de lei sem lei" que aplica a lei, desaplicando-a. Com isso, o Estado de exceção explicita com força máxima a "impossível união entre norma e realidade".[68]

O ponto nevrálgico que abre a veia crítica de Benjamin é este: o Estado de exceção inscreve a anomia no corpo do *nomos*. A violência soberana "está incluída no direito por sua própria exclusão": o direito requer a violência como excluída dele para poder se realizar. Aqui, segundo Agamben, Schmitt responde a Ben-

---

65. Ibid., p. 92.
66. Ibid., p. 58.
67. Ibid., p. 59.
68. Ibid., p. 63.

jamin e tenta neutralizar a "violência pura", de modo a garantir a relação entre anomia e *nomos*. A necessidade da decisão se impõe para Schmitt pela natureza dúbia do "caso de necessidade", da impossibilidade de estabelecer se se está diante de tal caso, e inversamente em Benjamin: aqui, dificuldade análoga acarreta uma não decisão: enquanto a violência soberana decide incluindo o Estado de exceção na ordem jurídica, o "soberano barroco" de Benjamin cuidaria de não decidir, o que, portanto, exclui o Estado de exceção da ordem jurídica. Segundo Agamben, Benjamin distingue o poder de seu exercício e, com isso, abre uma distância que nenhuma decisão pode preencher: Benjamin reafirma a indecidibilidade última. Daí a radical diferença quanto ao Estado de exceção: se ele não é mais aquilo que garante articulação entre anomia e ordem jurídica, é uma "zona de absoluta indeterminação entre anomia e direito".[69] O paradigma do Estado de exceção não seria mais o "milagre" do soberano que cria, e sim a "catástrofe" em que são arrastadas a criação e a ordem jurídica.

Mas isso não é tudo. Mais tarde, na oitava tese sobre o conceito de história, e diante do Estado nazista, em que o Estado de exceção jamais foi revogado, Benjamin passa a ver a exceção como regra. Para Schmitt, a exceção tem a primazia, a regra vive dela, no entanto há diferença, pois a exceção visa tornar a norma aplicável. Quando, por outro lado, a exceção torna-se regra, "a máquina não pode mais funcionar": "a regra se devora a si mesma" e aquele elo entre violência e direito não se sustenta mais, aquela tentativa do poder estatal de anexar a si a anomia por meio do Estado de exceção se mostra uma simples *fictio iuris*. Agora, a violência age sem roupagem jurídica. Enquanto em Schmitt a exceção visa tornar possível a constituição da norma, e, portanto,

---

69. Ibid., p. 89.

deve ser mantida a relação entre anomia e direito, em Benjamin, ao contrário, é essa relação que deve desaparecer. A luta acerca da anomia, do vazio — ou, se se quiser, a relação entre violência e direito —, é diferente em cada caso: em Schmitt, a violência mantém relação com o direito; Benjamin, por sua vez, procura assegurar à violência — como "violência pura" — uma existência fora do direito. A estratégia de Schmitt é a mesma da metafísica ocidental, segundo a leitura de Agamben, estratégia "onto-teo-lógica": assim como esta buscou capturar o "ser puro" nas malhas do lógos — "ser puro", isto é, "alógico", "vazio de toda determinação e de todo predicado real" —, a estratégia da exceção busca capturar o vazio da anomia, esse *vacuum* jurídico": direito e lógos têm a mesma estratégia, a captura de uma anomia para então "fundar sua referência ao mundo da vida". A relação entre linguagem e mundo se faz pela captura do não linguístico, entre direito e realidade se faz pela captura da anomia — nesse caso, pela suspensão da norma, isto é, pela estratégia do Estado de exceção; naquele, pela suspensão da denotação.

Daí não se deve inferir, porém, que a "violência pura", nos termos de Benjamin, seja uma "figura originária do agir humano" que de repente é capturada pelo direito, assim como não se deve inferir que haja, para o falante, uma realidade pré-linguística que de repente "cai na linguagem". Trata-se antes de discriminar *aquilo que está em disputa*, e *apenas nessa medida* ele é pressuposto ao direito. O "puro" indica não uma realidade substancial, mas uma relação com o direito, e por aí busca discriminar a tarefa de uma crítica da violência. Enquanto a violência jurídica de Schmitt se coloca como meio relativo a um fim, a crítica da violência não a avalia em função dos fins que persegue, e sim nela mesma, na "própria esfera". No primeiro caso, mantida a relação entre violência e direito, o direito torna-se poder; no segundo, separados, a violência não é mais violência que governa, mas violência que simplesmente age e se manifesta.[70] Haverá ainda uma figura do direito depois da deposição de seu vínculo com a violência e o poder? O que acontece com o direito em uma sociedade sem classes? O ponto essencial da crítica consiste, antes disso, na "desativação e inatividade do direito"; é isso que "abre passagem para a justiça", um bem "não passível de ser apropriado ou submetido à ordem jurídica".[71]

Ora, a crítica conjunta de Giannotti à direita e à esquerda tem que fazer vistas grossas à radical diferença entre as duas alternativas. Giannotti explora no texto de Agamben a separação entre regra e sua aplicação, cuja passagem é transferida do âmbito da lógica para o da práxis, e isso porque a aplicação da norma não está contida nela, nem pode ser deduzida dela: não há aí nenhuma relação interna. Ora, nada mais distante dos propósitos de Giannotti, que vê em toda prática social uma prática lógica. É na relação entre norma e caso "que o nervo da questão aparece exposto".[72] Assim, ele vai rejeitar essa separação — que se traduz na separação entre regra e caso, regra e sua aplicação. "A norma jurídica", afirma Giannotti, "também é práxis. Uma regra que nunca fosse seguida não seria regra."[73] Essa afirmação traz o debate para o seu plano. Com efeito, no modelo reflexionante de Giannotti, a relação entre norma e caso é tal que o próprio caso cria a norma à qual ele se submete. Daí a objeção a Agamben. Assim, há "relação interna" entre norma e realidade, e, por isso mesmo, uma norma, uma vez configurado o caso, vai se ligar a uma "forma de vida coletiva". Efetivada a regra, o agente vai se comportar "como se decidisse se esse é ou não o caso". E, como aqui se trata do exer-

---

70. Ibid., p. 96.
71. Ibid., p. 98.
72. Giannotti, 2014, p. 27.
73. Ibid., p. 25.

cício da bipolaridade, ela só se efetiva em uma situação, indubitável por sua vez, ligada àquela forma coletiva e que só pode ser formulada em proposição monopolar.[74]

Ora, o que é curioso na crítica de Giannotti é que ele formula o problema privilegiando a relação entre a regra e o caso, o que, aparentemente, está no centro do problema de Agamben, mas, ao mesmo tempo, ele perde o essencial da formulação agambeniana: o caso se tornou exceção. Ou, mais fortemente: a regra se tornou indistinta da exceção. Com isso, ela se torna mera "roupagem" de captura do caso, que é, por seu turno, anomia, vazio. Noutras palavras, o direito se converteu em violência. Desde o início, em Schmitt, já era a exceção que tornava possível a dimensão constitutiva da regra,[75] o que revela uma enorme fragilidade do comentário de Giannotti, pois a decisão que ali emerge não apenas bloqueia a reflexividade, como é a decisão que instala a ditadura. Não à toa, nesse passo, Giannotti prefere destacar a emergência do soberano ("aquele que pode decidir em caso de exceção"),[76] em vez de considerar o problema do Estado de exceção, que, no entanto, está no centro da relação entre norma e caso. Essa aparente negligência se deveria ao fato de que não há para Giannotti lugar para a exceção, pois toda prática social é desde sempre atravessada pelo lógos. A decisão autoritária, da sua perspectiva, não significará jamais a instalação do Absoluto, visto que logo ela terá que se ver com novas contradições, outros despertarão dispostos a lutar etc. Ora, mas que é isso senão privar-se de emitir um juízo sobre o autoritarismo e tornar a decisão, no limite, um simples erro de julgamento? A questão se complica se, conforme Agamben, a exceção se torna indistinta da regra. Pois, nesse caso, o pro-

---

74. Ibid., p. 24.
75. Agamben, 2014, pp. 63, 90 e 93.
76. Giannotti, 2014, p. 24; cf. também a p. 2.

blema da relação entre regra e caso é inteiramente deslocado, ou melhor, ele simplesmente deixa de existir: a regra se devora a si mesma, diz Agamben, ela jamais se instala. Giannotti sumariza a crítica dessa esquerda no mesmo argumento com que critica a direita, de tipo schmittiana, e remete ambas para o modelo de "inspiração heideggeriana".[77] Logo, esse passo dado por Agamben lhe escapa completamente: para ele, trata-se de um mesmo problema. Mas se Agamben separa a regra e o caso não é porque o lógos, qual palavra divina, captura o vazio e se faz direito, como em Schmitt; tampouco é, como pretende Giannotti, porque ele "platoniza" ou "idealiza" a regra — é antes para mostrar que o lógos se converteu em pura violência. Giannotti inverte a posição de Agamben e não pode compreender a crítica do poder.

VII

De onde vem a dificuldade de Giannotti? Nesse nível abstrato em que estamos, ele se coloca um duplo alvo: pensar a política a partir da contradição e pensar a contradição a partir do jogo de linguagem. A quebra da contradição é feita pela decisão (*Entscheidung*) — conceito também central em Schmitt —, e ela jamais traz o Absoluto; ela apenas instala "novos jogos de linguagem".[78] Nesse caso, tal contradição, ao contrário da hegeliana, não passa a um patamar mais elevado, em que os "termos se conservam como momentos superados da nova unidade". E por isso mesmo, é "mais forte" do que a hegeliana. E, se ela se consuma numa decisão que funda o Estado, nem por isso esta se configura como expressão de uma vontade geral, ato totalizante que, enten-

---

77. Ibid., p. 24.
78. Ibid., prefácio.

de Giannotti, instala antes o terror que a democracia, pois devora a particularidade, ou seja, bloqueia a contradição. Daí por que "a contradição política melhor se resolve na democracia", pois os opostos "levam em consideração" a atividade uns dos outros. Quer dizer, a democracia é o regime mais apropriado a essa nova figura da contradição, que não é empuxo para cima, não promete um termo, mas repõe novas contradições. O que fazer quando nos defrontamos com uma contradição? Questão retomada de Wittgenstein, mas que aqui, com Giannotti, tem sabor inteiramente político. Devemos agir. Quando a ameaça, contudo, traz risco de morte, o que fazer? Matar o contraditor? Por mais distante que o contraditor se situe (o exemplo é de Wittgenstein: os nativos ameríndios diante dos missionários), ambos já se veem como "seres humanos", crê Giannotti, "por mais que um considere o outro degenerado". Não devo procurar "fatos comuns muito gerais" e buscar a persuasão?[79] "No fim das razões", diz Wittgenstein em texto disputado pelos leitores, "há a persuasão (pense no que acontece quando um missionário converte indígenas)." Persuasão, lembra Giannotti, traduz *Überredung*, composição de *Rede* (discurso) e *über* (o que vai além). Para ele, esses fatos gerais amparam uma persuasão.

Para se assegurar de que entre o jesuíta e o indígena possa acontecer algum entendimento, e não violência, ele precisa postular uma *humanidade mínima*, que, por outro lado, termina por constituir-se em um perigoso ponto de confluência de *todos* os jogos de linguagem, como lhe censurava Bento Prado Júnior em debate sobre *Apresentação do mundo*, em 1995. Ele precisa, acrescenta Luiz Henrique Santos em mesmo debate, como que extrair a racionalidade dela própria, numa espécie de autofundamentação, o que aproxima Giannotti de Kant e o distancia de Wittgens-

---

79. Ibid., p. 38.

tein: ali, a forma da racionalidade dá universalidade; aqui, com a humanidade, tenho a forma de quem joga, e portanto princípio para qualquer jogo. (Em Wittgenstein, lembra Bento Prado Júnior, o jogo de linguagem está simplesmente aí, sem ser razoável ou não razoável.) Essas objeções expõem a dificuldade da solução de Giannotti. No entanto, ele continua, em 2014, a afirmar esse solo comum. Algo mudou com as novas investigações sobre a contradição? Depois de lembrar que seu texto sobre política dá um novo "salto", ele diz: "até agora não tinha me dado conta do alcance do potencial explicativo que ganha a contradição quando assume um sentido". Se Schmitt já estava então em seu horizonte, agora ele busca ir além e tomar a contradição como a "essência da política".[80] A partir dela, ele pode aprofundar sua resposta anterior. Lembremos que, para além desse fundo comum, o essencial no debate girava em torno do problema do erro metafísico (a ilusão de que a regra produz o caso) como condição do jogo de linguagem. Balthazar Barbosa Filho então apresenta sua oposição: a ideia de um erro como condição do jogo, portanto a ideia de um erro regular, é uma noção contraditória. Só pode tratar-se, arremata ele, de um erro simplesmente empírico. Ora, dessa feita, Giannotti não apenas mantém o erro metafísico (na verdade, esse é o núcleo de sua doutrina) como condição do jogo de linguagem, como ainda torna a contradição um *impedimento* de sua superação — *ela torna toda decisão de rompê-la uma negação do outro, uma negação da humanidade*. Giannotti fez da contradição de fundo não apenas *condição* de todo o sistema, mas condição *inatacável*, sob risco de "terror". Sua política exige a clausura na alienação.[81]

---

80. Ibid., prefácio.
81. Para Luiz Henrique Santos, a filosofia de Giannotti orienta uma moral e uma política autênticas (Santos, 2011, "Dossiê Giannotti", p. 18, e Giannotti,

VIII

Essa análise se confirma se voltarmos, pela última vez, do nível abstrato em que estamos para a política de nosso tempo, no interior do modo de produção capitalista. Esse sistema, como frisa Giannotti, contém uma irracionalidade de fundo, que aponta para uma dominação. O sistema não implode, pois não leva a contradição ao limite. Ele resiste. Daí por que a lógica social aponta para a alienação: um sistema que rouba a significação da prática. Essa é a "herança marxista". Mas "certa" herança, uma vez que ela não inclui o projeto político. O argumento de Marx em favor da Revolução é "puramente formal", diz Giannotti, para quem a ilusão necessária retira da contradição aquela simplificação requerida pela lógica especulativa; com isso, a contradição não é mais dotada de poder de superação, poder que detinha quando era desdobramento do Absoluto; agora, ela se "trava". O projeto político revolucionário de Marx aparece então marcado de "misticismo lógico".[82]

Porém, se a política não é mais revolucionária, nem por isso caberá a ela ignorar a contradição de base. A política de Giannotti deve ir ao núcleo do problema, à questão da medida, e, portanto, explicitar a luta de classes; do contrário, será mera disputa de poder. Ora, aqui Giannotti se dirige à esquerda, evidentemente. A esquerda deve entender que a contradição se "travou", que ela não segue rumo a uma ruptura. A política da esquerda será então aquela capaz de lidar com a alienação e que retirou a revolução do seu horizonte.

1995, p. 217). Certamente, a política de Giannotti não é emancipatória — conceito que ele julga proveniente de uma má compreensão da alienação, ligada ao gênero humano, e não, como no Marx maduro, ao modo de produção capitalista. Vale então a pergunta: o que seria a autenticidade no interior da alienação?
82. Giannotti, 2000, p. 308.

A partir daí, segue-se a alternativa política, "social-democrata", segundo o autor, cujo alvo geral é combinar "plano e mercado", combinação que pede recurso à "ciência positiva". A ciência marxista (ou melhor, giannottiana) deve mostrar a contradição profunda e a contradição "travada". A ciência positiva deve mostrar os caminhos da racionalização, isto é, de como enfrentar e superar as "crises". Sem aquela, esta desconheceria os caminhos da constituição e lidaria apenas com o "dado". O apego à "ciência", diga-se de passagem — e aqui, basicamente, a economia, apoiada em modelos matemáticos —, replica uma exigência que já era do próprio Marx contra o pensamento utópico.[83] A tarefa da política será a de racionalizar e corrigir o sistema, conforme modelos científicos, tendo em vista a "justiça social".

Ora, no esquema de Giannotti, a correção do sistema se impõe porque o sistema se impõe. Não sabemos como criar riqueza "a não ser por intermédio do mercado". E esse modo de produção só produz se produzir excedente econômico.[84] Portanto, tal sistema se impõe e, com ele, sua alienação intrínseca. A política democrática será a reparação das crises de medida do sistema. Ela o corrige para reafirmá-lo, para que ele melhor cumpra sua função de produção. Ela não deve procurar impor formas de racionalidade que escapem desses processos de racionalização da própria sociedade capitalista, desses pelos quais ela se articula, pois como avaliar a racionalidade de tal reivindicação? Sem aquele critério, qualquer reivindicação poderia se apresentar como racional. Mais: ela perderia sua adequação histórica.[85] A primazia do sistema é tão decisiva que mesmo a soberania popular, já sobejamente descartada como instância de legitimidade, só pode ser exercida

---

83. Fica de lado o difícil, mas grave problema, do estatuto científico dessa "ciência" à qual Giannotti recomenda recorrer.
84. Giannotti, 2014, pp. 28 e 30.
85. Id., 2000, p. 308.

se o povo não estiver "no limiar da pobreza", se ele estiver "nutrido e educado segundo um modo de produção":[86] a soberania popular, aceitando a hipótese pouco rigorosa de que haverá um ponto a partir do qual ela poderá ser "exercida", depende, portanto, do sistema de produção. Mas não seria, então, pelo menos a "justiça social" esse ponto fora da curva, que escaparia ao pesadelo do sistema e lhe imporia algum critério? Certamente, não. O que será "justiça" para Giannotti? Ela não se funda em nenhum direito natural. Não pode ter conteúdos prévios. De onde então Giannotti tira seu critério do que será justo na disputa política? Ao que parece, a justiça também é submetida a uma questão de medida, e por isso se entenda não apenas, nem sobretudo, a repartição da riqueza, e sim a repartição do controle do processo. Poder-se-ia suspeitar daqui que o justo resultasse da disputa. E, de fato, é o que ele diz: "Deixemos de lado o significado dessa justiça, cujos sentido e critério também são objeto de disputa".[87] Entretanto, tampouco a disputa pode fornecer o critério. Porque o conteúdo da decisão deve ainda passar pelo crivo "científico", aquele da ciência positiva que deve mostrar os caminhos da racionalização do sistema, pois é disso que se trata. Já se disse que a social-democracia brasileira, à qual Giannotti se liga de modo próprio, é singular porque não só ela não organiza como é mesmo avessa à organização de trabalhadores. Na ausência desse ator central de uma disputa social-democrata, o critério passa a ser apenas "científico" — ou, mais precisamente, aquele que o "quadro" conhece. A política de Giannotti não deriva, portanto, da ciência marxista, que aponta para a consciência de classe, revolução etc. Ela deriva da ciência positiva. Assim, em sua política, nem há organização de trabalhadores, nem revolução. Há, sim, "ciên-

---

86. Id., 2012, pp. 65 e 66.
87. Id., 2014, p. 28.

cia" e, como seu legítimo representante, o "quadro", aquele que deve reparar as "crises".

Ora, essa solução não é o avesso da política? Certamente, pelo menos segundo o critério que o próprio Giannotti adotou, aquele que vem de Schmitt: o do conflito, da luta — em termos giannottianos, da contradição. Pois o que Schmitt define como político é um grau de antagonismo que não se fundamenta em quaisquer conteúdos. O esforço de Giannotti em evitar a contradição corresponde aqui à restrição da política, que se traduz, por sua vez, nos recursos que ele busca para ajuizar a ação política e que terminam por convergi-la para uma mera administração do sistema. Não se trata, evidentemente, de opor a política de Schmitt àquela de Giannotti. Trata-se, em primeiro lugar, de apontar a dificuldade de Giannotti com as próprias premissas e, em segundo, de explicitar a alternativa que ele oferece diante de seus adversários. Ele tem razão em fazer a crítica do totalitarismo, mas é preciso acrescentar que ele a faz da pior maneira possível: ele joga fora o bebê junto com a água do banho. Porque ele se priva, na crítica da revolução, daquela contraparte que permite a crítica do poder. Giannotti cita Lefort no momento da crítica das revoluções e suas teses do poder vazio e da sociedade sem corpo.[88] De fato, a crítica do totalitarismo previne Lefort da ideia de que a sociedade política seja una consigo mesma na pura imanência — e, portanto, da ideia de que uma parte qualquer do social (uma classe, um grupo etc.) possa visar a essa totalidade e encarná-la. Nem mesmo os discursos terão esse poder de colocar-se em tal perspectiva totalizante, esse pensamento de sobrevoo em nenhum lugar situado. Ora, mas essa crítica é feita à luz de uma teoria da sociedade democrática em que o conflito entre capital e trabalho e a exploração da mais-valia deixaram de ser centrais: a dominação se expande, ela ultrapassa o plano da exploração eco-

---

88. Ibid., p. 27.

nômica, ganha novos conteúdos, analogamente àquilo que Melo notava contra Giannotti: novas formas de sociabilidade foram constituídas e novas formas de dominação não mais vinculadas às relações de classe. Ou, antes, pois nem todas as formas são novas, a exploração de classe é vista ela também sob o prisma de uma dominação de conteúdo propriamente político. Por isso, essa crítica não carrega o peso — é a "herança marxista" de Giannotti — da reafirmação de um sistema de dominação pelo capital. "Herança" controversa, é preciso frisar, pois o que pode ela significar fora do projeto político revolucionário?

A crítica do totalitarismo se inverte em uma afirmação do sistema e em uma restrição da política. Esse resultado não tem nada de surpreendente, pois, já de saída, bloqueou toda alternativa política. Não por outra razão, o problema da legitimidade simplesmente inexiste para Giannotti. Ele toma o direito e a soberania popular, sem mais, como fundamentos em sentido metafísico. Assim, por exemplo, toma a vontade geral de Rousseau como uma vontade totalitária, substancializada, incapaz de comportar contradição, unificada em um povo soberano que anula as vontades particulares. Essa crítica mostra Giannotti cego para a questão que a vontade geral deve resolver: a da universalidade da lei, que exige não apenas que a coisa estatuída seja geral, como que a vontade que a dita também o seja. E, ao dizer que a universalidade só pode ter a vontade geral como origem, Rousseau não está afirmando uma coesão popular que anule vontades particulares, o povo soberano não é o povo real, que, ao contrário, é "cego" e "sem unidade", mas o "poder constituinte", isto é, aquele que confere "autoridade" às leis, sempre elaboradas por uma instância outra que não o povo, lei que, portanto, deve ser igual para todos. Giannotti *realiza* o povo soberano, que é princípio da legitimidade, como condição da sua crítica. Do mesmo modo, ele não pode compreender a crítica do poder e da violência de Agamben, transformada por ele em um decisionismo que idealiza a regra, porque lhe falta uma reflexão sobre o poder e o direito. Ou, antes, porque tal reflexão é simplesmente bloqueada. Apenas a partir dessa reflexão, ele poderia avaliar a transformação do direito em uma rede de captura da vida e os riscos de uma ação política pura. O poder é igualmente indistinto, como Agamben é levado a crer? Esse vínculo entre poder e direito, tornado difícil depois do período revolucionário, não coloca de imediato a questão da legitimidade? E se essa questão não comporta uma solução definitiva, bem fundada, um "ponto fixo", como lembra Kervégan,[89] nem por isso ela é menos premente. Ela é a questão eminente da filosofia política para a qual Giannotti não tem nenhuma resposta.

BIBLIOGRAFIA

AGAMBEN, Giorgio. *Estado de exceção*. São Paulo: Boitempo, 2004.
FOUCAULT, Michel. *La Naissance de la biopolitique*. Paris: Gallimard, 2004.
GIANNOTTI, José Arthur. *Apresentação do mundo — Considerações sobre o pensamento de Ludwig Wittgenstein*. São Paulo: Companhia das Letras, 1995.
_____. *Marx: vida e obra*. Porto Alegre: L&PM, 2000a.
_____. *Certa herança marxista*. São Paulo: Companhia das Letras, 2000b.
_____. *A política no limite do pensar*. São Paulo: Companhia das Letras, 2014.
_____. "Cheminement et aléas d'un travail. Entretien avec Vinicius de Figueiredo". In: *Rue Descartes*, n. 76, 2012-2014.
GIANNOTTI e VV.AA. "Wittgenstein e a racionalidade no mundo contemporâneo". In: *Novos Estudos Cebrap*, n. 43, nov. 1995.
KERVÉGAN, Jean-François. *Que faire de Carl Schmitt?* Paris: Gallimard, 2011.
MELO, Rúrion. "Crítica e contradição: qual herança marxista?". In: *Novos Estudos Cebrap*, "Dossiê Giannotti", n. 90, jul. 2011.
NOBRE, Marcos. "O filósofo municipal, a 'Setzung' e uma nova coalizão lógico-ontológica". In: *Novos Estudos Cebrap*, "Dossiê Giannotti", n. 90, jul. 2011.
SANTOS, Luiz Henrique Lopes dos. "Sobre o transcendental prático e a dialética da sociabilidade". In: *Novos Estudos Cebrap*, "Dossiê Giannotti", n. 90, jul. 2011.

89. Kervégan, 2011, pp. 169 e 173.

8. Resposta a Luiz Damon

José Arthur Giannotti

I

Desde logo Damon merece todos os meus agradecimentos por ter seguido passo a passo minhas aventuras e desventuras intelectuais. E convém repetir que *A política no limite do pensar* marca um solavanco no meu caminho. Já em *Trabalho e reflexão* procurei dar sentido prático à contradição. E sob a influência de Kant explorava a posição (*Setzung*) que o juízo sempre instala no discurso representativo, sobretudo aquela do juízo reflexionante. O último Wittgenstein me convenceu de que a lógica formal é muito restrita para entender as gramáticas da linguagem cotidiana. E se para entendê-las necessito criar modelos reduzidos de seu funcionamento, se esses modelos evidenciam concepções muito diversas da contradição, não há por que me aferrar a um conceito de contradição, particularmente àquele ligado aos valores de verdade, verdadeiro e falso. Ora, esses esquemas indicam situações práticas em que as contradições podem comparecer. E assim deixo de lado de vez o ideal de um lógos universal para me ater a sistemas contraditórios práticos, sendo um deles o modo de produção capitalista. Outro, articulado em torno da contradição amigo-inimigo, é o sistema político. E desse modo tento finalmente me desvencilhar da sombra de Hegel.

Conforme me aprofundava no estudo de *O capital*, terminei percebendo que a contradição capital/trabalho, apesar de criar riqueza e miséria, não se desdobra na contradição máxima entre capital social total e operário total — como era de esperar segundo a lógica hegeliana —, mas se fragmenta numa teia de contradições e alianças. Aliás, não seria esse um dos motivos que levou Marx a não fechar o volume III de *O capital*? Uma análise das categorias do capital não confirma o projeto político revolucionário. Muito se criticou a fragilidade da teoria política marxista. *Et pour cause*. Conforme o esquema dialético hegeliano, são as contradições da sociedade civil — do capital, para Marx — que demarcariam o terreno do Estado e da política. Foi preciso Lênin desenvolver a teoria do partido único e defender a possibilidade da Revolução num só país para que a política comunista consolidasse sua enorme presença no século XX.

No entanto, todas as revoluções que tentaram substituir o mercado como lugar onde se ajustam oferta e demanda terminaram em crise econômica e ditadura. Por que, em vez de pensar a política na continuidade das contradições capitalistas, não partir de uma contradição mais simples e extrema: o conflito entre amigos e inimigos? O tema é de Carl Schmitt, mas o retiro de seu contexto decisionista. Impressiona-me o fato de que pessoas dão a vida na defesa de interesses coletivos. Pensando na linha de Carl Schmitt, que considera o Estado categorialmente posterior ao político, tomo simplesmente a contradição radical entre amigos e inimigos como foco para entender comportamentos coletivos que se reafirmam como coletivos tendo no horizonte a possibilidade da morte. Um coletivo não se faz político diante desse extremo? Espero poder revirar a famosa frase de Clausewitz, que pensa a guerra na continuidade da política: considerar esta última como instância limítrofe da coletividade que ressignifica formações coletivas anteriores. A suspensão do conflito cria uma área instável de entendimentos e desentendimentos, entre aliados e adversários, cujos limites demarcam o modo de ser da *polis*. O espaço de uma *polis* assim formado tem sempre no horizonte um tsunami que o destrói. O mundo dos seres humanos é finito, e, às vezes, esse fim pesa como ameaça que empresta novo sentido às ações coletivas, marcando-as com uma negatividade muito especial.

A vulgata da lógica dialética materialista (Diamat) só pôde se sustentar confundindo contradição e contrariedade. Obviamente Hegel não cometeria essa barbaridade. Por isso, já no prefácio da *Fenomenologia do espírito*, seguindo pistas de Fichte, encontra na predicação "S é P" uma igualdade e uma diferença que passam a ser expressas por uma "proposição" metafísica. O bom materialismo dialético, para juntar materialismo e dialética, precisaria mostrar que as formas lógicas, reguladoras do pensamento, refletem formas da própria realidade em movimento onde a contradição já comparece. Mas, e se a realidade política já se arma por uma contradição que, se fosse exercitada, destrói esse real?

Os marxistas e seus críticos pouco levaram em conta uma distinção feita pelo próprio Marx que leva essa discussão a outro nível. Uma coisa é o desenvolvimento histórico do capital, por exemplo, na Europa e nos Estados Unidos; nestes não há um mercado de trabalho já formado nem fronteiras definidas. Mesmo na Europa, o capitalismo comercial é anterior ao capitalismo industrial, em que realmente se configura a mais-valia. Para que a análise possa começar definindo a mercadoria como contradição entre valor e trabalho, é preciso distinguir, de um lado, o movimento próprio das categorias, uma história categorial, de outro, como o sistema capitalista se instala em cada região do globo. É o que Marx faz ao distinguir história categorial da história do vir a ser, de certo modo retomando a diferença hegeliana entre história do conceito e história dos eventos. O primeiro capítulo de *O capital*, que define a categoria através de um jogo de remissões entre os valores de troca constituindo uma nova entidade, o valor, que passa a medir o produto como um fetiche, por certo trata de uma história conceitual. A contradição política também não seguiria essa dualidade?

Primeiramente tentei, inspirando-me no juízo reflexionante kantiano, salientar ações ajuizantes quando o exercício da representação cria a regra que o regula; atua de modo a gerar regras próprias — uma forma de lógos prático. Quando crianças brincam com uma bola e, sem que percebam, passam a respeitar a regra de não pôr a mão nela, seus comportamentos não se tornam assim bipolares? Esse lógos prático não é um discurso que diz respeito à prática, mas prática não verbal que se torna bipolar. Foi assim que procurei entender as remissões entre si dos valores de troca e de outras categorias do sistema capitalista. Em contrapartida, fui levado a me aproximar de Wittgenstein na medida em que este estuda jogos de linguagem não verbais. Ora, esse caminho me livra ainda mais da necessidade de supor que todo juízo representativo deva, em tese, ter suas proposições asseverativas subordinadas à forma predicativa "S é P". A lógica formal deixa, pois, de reger o pensamento teórico ou prático, demarcado então por gramáticas especiais que se entrecruzam. Porém, se o lógos passa a residir na linguagem cotidiana e em certas práticas silenciosas, não mais possui aquela unidade formal da lógica e das estruturas matemáticas, como pressupôs toda a metafísica, mas simplesmente uma unidade de expressões ligadas por semelhança de família.

Desse ponto de vista, não há separação entre a linguagem e a fala. Estamos longe do esquema saussuriano da linguagem que se baseia na passagem do sinal ao signo, pois o próprio signo assim o é na medida em que mostra tanto um objeto ou um estado de coisa como a própria regra que somente regula no seu exercício. A relação não é entre palavra (signo ou símbolo) e objeto configurado, mas entre palavras situadas num processo objetivante, configurando uma realidade, associando-se a um processo subjetivante, apontando para almas individualizantes, cuja individualidade é meramente lógica, em função de suas sínteses particulares. Já no jogo de linguagem número 2, os gritos do pedreiro — "tijolo", "pedra" etc. — são palavras dirigidas a um aprendiz; ambos se subjetivam nesse movimento de exercer uma linguagem nominativa, cujas palavras estão ligadas a critérios que distinguem coisas, cujos perfis estão sendo determinados pela atividade de serem distinguidos e transportados. Nele, o objeto tijolo é antes de tudo aquela coisa que o ajudante entrega ao pedreiro para que ambos atuem de modo correto ou incorreto. O sentido de "tijolo" — isso vale para os outros nomes — não está gravado nos dicionários que tomam as palavras exclusivamente entre jogos. Nem os fenomenólogos nem os pós-estruturalistas franceses admitem isso, porque supõem a linguagem como uma totalidade determinada por sua gramática. Do ponto de vista do último Wittgenstein, a que estou, grosso modo, aderindo, a gramática da língua portuguesa, por exemplo, reúne por *semelhança de família* inúmeros jogos de linguagem. Por isso uma seta, usada como sinal de trânsito, é a mesma e diferente daquela que serve para atirar com o arco. Daí a importância da diferença entre meios e modos de apresentação (*Darstellung*), cf. # 50 das *Investigações*, que eu costumo associar à diferença entre modos e meios de produção em Marx. Contudo, não se tira daí a conclusão de Damon: "O pensamento não mais se prende a essências, mas apenas a regras instituídas e arbitrárias, tão diversas quanto são os diferentes jogos de linguagem que nos dispomos a jogar". Não cabe exagerar essa arbitrariedade. Um jogo de linguagem é um modelo que espelha certos funcionamentos dos signos, porém não esgota o que eles são. Um momento da linguagem pode ser rebatido a vários jogos e a "mesma" palavra em geral funciona entre jogos. A própria linguagem serve a vários propósitos; é por isso que Wittgenstein não vê a necessidade de que ela seja primordialmente comunicativa. E, para que uma fala possa ser correta, é preciso que se repita e se instale como juízo em relação a um sistema de regras funcionando coletivamente. Esse exercício lógico desenha ontologias. Mostra-se ilusória a unidade da consciência e do mundo, da polaridade entre *noesis* e *noema*, entre ente e ser como a totalidade dos entes.

Mas a regra como tal, simples ou complexa, funciona como essência de seus casos, ou melhor, como essencialização (*Wesen*).[1] Ora, essa efetivação mobiliza tanto a regra como as condições efetivas para que possa ser seguida: certos materiais a serem manipulados, seres humanos que a aprenderam ou venham a aprender, e assim por diante. O que se evita é jogar para o limite esse balanço entre a norma sendo efetuada e suas condições mundanas de existência. Não se critica a metafísica por seu objeto, e sim a maneira pela qual fala do mundo.

Lembremos que também o jovem Heidegger, ao definir a proposição, termina abandonando a forma "S é P" como parâmetro. Em *Ser e tempo*, o exemplo da seta, marcando a direção que o carro vai seguir, é um objeto de uso em exercício que se refere a uma direção entre aquelas possíveis que o carro pode de fato seguir. Essas direções se conjuntam ao próprio objeto, que assim expõe seu ser, ele é, vem a ser, para orientar. Tendo em vista os objetos de uso em geral, encontramos um plano hermenêutico antepredicati-

---

1. Uso "*wesen*" no sentido heideggeriano de ser se exercendo, como parâmetro da ação se efetivando.

vo em que algo como ser se constitui fenomenologicamente antes da constituição de algo como algo, núcleo de predicação tal como já era entendida pelos gregos. Note-se que essa noção de linguagem será negada pelo último Heidegger, quando a própria lógica se essencia na linguagem entendida como guarda do Ser.

Wittgenstein, em contrapartida, vai considerar essa seta desde logo como critério pelo qual os atores agem de modo correto ou incorreto. É a ação que se conforma em linguagem na medida em que se insere no jogo da bipolaridade e da monopolaridade, esta representada pelo carro, pelos pedestres etc. — uma situação lógica que, se vier a ser dita, o será por proposições monopolares. Nenhuma dessas proposições precisa ser predicativa. No entanto, se para Heidegger o que importa na seta é a diferença entre ente e ser, Wittgenstein se dedica a construir jogos de linguagem em que palavras e ações se soldam em sentidos, servindo assim de exemplos que colocam na linguagem cotidiana as palavras-chave do vocabulário filosófico. E assim combate qualquer forma de platonismo, qualquer forma ideal que se mostra na aparência cotidiana. Num jogo não verbal como a seta no sistema de trânsito, ela vale como uma palavra, mas então sendo usada como critério de ações determinadas. Nessa situação, seu sentido está essencialmente ligado a essas ações determinadas que vêm a ser reguladas pelo critério seta, que só chega ser critério num uso *determinado* da seta. Se estiver atirando com ela e peço a um amigo "Me dê uma seta", agora a palavra "seta" tem outro sentido, embora semelhante.

A ação não gera, pois, o objeto medido, apenas define sua objetidade. É nesse sentido que falo de lógos prático, que, como já disse, não consiste numa linguagem sobre a prática, e sim na própria práxis. Aqui está, creio, o grande engano de Damon a meu respeito: ele sempre vê no lógos uma linguagem cujos enunciados, se forem verdadeiros, apresentam estados de coisa. Num jogo de linguagem não verbal, uma seta significa uma coisa no âmbito possível das ações que *estão sendo praticadas*. Perde-se qualquer lembrança do platonismo. Quando observo que a seta se tornou critério, Damon comenta: "Ora, nesse processo de 'ver a seta *como* parâmetro, separaram-se duas coisas, ou se aplicou o princípio de duplicação: o objeto e a medida". Não sou eu que vejo a seta como parâmetro; ela se faz parâmetro nessa situação. É verdade que, para evitar essa duplicação, preciso reconhecer a seta ora como parâmetro, ora como objeto, no trançado dos jogos de linguagem que forma a própria linguagem. Daí a necessidade de valorizar a percepção da figura ambígua como aquela do pato/lebre, definida pela gramática do verbo ver, consequentemente a insistência no "ver como". Não são duas significações emboladas, mas uma só exercendo a mudança de aspecto. Isso já não altera completamente a relação entre percepção e juízo?

Não me vejo, pois, na obsessão na qual Damon me encerra: "é preciso escapar do discurso hegeliano, por outro, não se pode deixar escapar esse real ao discurso, isto é, ao lógos". Para mim, o lógos prático sempre foi ação, nunca discurso sobre a ação, mas aquela que, ao ser dita sempre junto com outras segundo uma gramática, está conformando uma ontologia. Ela nem precisa ser dita, contudo carrega um sentido, uma bipolaridade que se cumpre ou não, que assim *decide* a verdade ou a falsidade das expressões conformadas às práticas associadas. Damon nunca abandona a estrita dualidade da linguagem e do objeto, no fundo, aquela dualidade entre sujeito e objeto, embora num jogo de mútuas definições.

Sublinhemos a importância do novo conceito de ver, que deixa de ver algo para ver o aparecimento de um aspecto. Se a lógica e a metafísica ocidental, desde Platão, se apoiaram na diferença entre *eidos* (o máximo visível) e suas aparências e seus correlatos, uma nova forma de pensamento se inaugura quando o critério é tomado na esteira da apresentação de seus casos, na emergência dos aspectos das coisas que ele está medindo ou criando mediante sua medida. Somente atrás desses jogos reflexivos é que posso pensar como uma palavra pode entrelaçar jogos de linguagem diferentes embora semelhantes, e como ela pode, assim, participar de um dicionário.

II

Por que tanta lógica e ontologia para simplesmente tratar de política? Antes de tudo para ressaltar que existem aspectos da ação política que a ciência não captura e também não podem ser entendidos pelo senso comum. Estamos acostumados a lidar com objetidades previamente pré-formadas, enquanto existe um lado da política que está sempre à procura de seu novo sentido e sua nova objetidade. Esse hábito já se percebe quando se examina mais de perto o processo da representação. Nosso sistema democrático é representativo. Muitos se acham de esquerda quando pregam uma democracia direta. Se ela funcionou no paraíso grego, por que não funcionaria entre nós, que voltamos a ter contatos face a face nas redes sociais e que poderíamos ter até mesmo um aplicativo político no nosso *iPhone*? No entanto, se em Atenas as decisões eram tomadas diretamente pelos membros da Eclésia, regulada pela isonomia e pela isegoria, a democracia ateniense só foi direta na medida em que assegurava a todos os cidadãos *que o quisessem* a possibilidade de participar rotativamente de qualquer cargo. Daí a importância do sorteio para o preenchimento de muitas funções públicas. Só eram sorteados, porém, aqueles cidadãos que voluntariamente se inscrevessem nas máquinas e que estivessem dispostos a ter seus atos vigiados por todos. É o que nos ensina Bernard Manin, no seu livro clássico.[2] Se, em princí-

---

2. Bernard Manin, *Principes du gouvernement représentatif*. Paris: Flammarion, 1997.

pio, a última decisão pertencia à Assembleia, outras instituições como a Bulê, formada por quinhentos cidadãos sorteados, assim como os tribunais e o comitê dos "*nomothetae*" (seis magistrados sorteados para controlar o código das leis), desempenhavam papel político de primeiro plano. Havia uma rede de controles, inclusive um cidadão poderia ser processado se tivesse convencido a Assembleia a tomar uma decisão desastrada. Um controle sistemático e poroso abrangia todos os representantes e a decisão sempre era compartilhada na tentativa de assegurar no futuro o que já se tinha conquistado. Entretanto, já Platão apontava no político seu caráter camaleão. Como instalar um sistema de controle direto dos representantes do povo quando a própria representação se exerce no espaço da mídia, que esvazia a realidade das pessoas para nela apenas ressaltar o espetáculo, o espelhado?

Até o século XVIII nossos sistemas políticos combinavam, de maneira variada, participação direta, sorteio e eleições. Em resumo, tanto a democracia ateniense como a nossa comportam processos representativos, mas variam o sentido da própria representação. Importa tanto lograr maior controle sobre nossos representantes como repensar como eles mantêm suas relações com o divino. Um presidente da República não é ungido, mas ainda se sacraliza quando é visto como guardião de segredos. Não cura certas doenças quando tocado, embora saia todo arranhado depois de uma campanha eleitoral. Antes de simplesmente afirmar que a representação seja uma farsa, é melhor examinar como e o que nossos representantes representam, possibilitando assim novos meios de controlá-los. Buscando um exemplo mais terra a terra: acabamos de verificar como nos Estados Unidos o presidente representa tanto cada eleitor como a unidade da federação.

Além do mais, cabe examinar melhor como se estrutura a lógica da representação. Este é um assunto que ficou faltando no meu texto e que deve ter contribuído para que tenha sido mal interpretado. Aqui só posso indicar sumariamente os dois caminhos maiores que nos levam a repensar a representação fora dos quadros da antiga lógica formal, vale dizer, Heidegger e Wittgenstein. Comecemos notando que, depois de Descartes, cada ideia da consciência passou a representar algo real. Os empiristas simplesmente associaram representações para que, aglutinadas, se reportassem a algo. Já Kant introduz um juízo para alinhavar sensações numa percepção, a fim de que a diversidade daquelas pudessem configurar algo a ser percebido. E assim um pensamento começa a transparecer num ver. À medida que a lógica formal deixa de vigiar o conceito de representação, parece-me que duas soluções explicitam esse cruzamento entre pensar e ver. Para Heidegger, o pensamento pensa antes de tudo o Ser como ele vem a ser na sua verdade, como *se dá* num modo e numa temporalidade peculiares, vale dizer numa "época". Esse *como* vem a ser demarcado pelo essenciar-se do Ser, vindo a ser verdade e conformando o ente homem em ser aí (*Dasein*), aquele ser que, pela linguagem, guarda a contenda da terra e do mundo. A decisão provém do próprio Ser se apropriando do homem para que venha a ser aí, esteja lançado no mundo. Num mundo em que a técnica impera, em que os entes se tornam substituíveis, calculáveis e descartáveis; a representação política padroniza e não traz fluxos transformadores. Somos assim obrigados a esperar por um aceno de um deus, imortal, cuja existência permanece indecidível, espécie de transcendental moldando nossa mortalidade. Não seria dele que proviriam os acenos de novos rumos para a história do Ocidente?

Wittgenstein se limita a examinar a gramática do representar no interior da própria linguagem em exercício. Se para isso toca nos seus fluidos limites, nunca imagina que pudéssemos fazer dela um objeto. Falar é seguir regras e sempre estamos falando quando estudamos a linguagem. Mesmo expressões mais simples, como "A maçã é vermelha", requerem um critério de vermelho para que a cor dessa fruta seja dita vermelha. Esses critérios são aprendidos e toda linguagem natural comporta expressões que estão muito próximas dos gestos e de ruídos que, ao se exteriorizarem, são pelos outros designados por palavras. Exemplo clássico é "dói". Já que o critério da dor é muito complicado, voltemos às cores. Durante seu aprendizado, é possível tomar um pedaço de papel vermelho como amostra, sendo ele assim objeto e regra. Quando está sendo usado como objeto, passa a manter uma relação externa com outras folhas de papel, e assim por diante; quando, porém, se for usado como amostra, trava uma relação interna com outros objetos vermelhos. Essa amostra de vermelho é como a famosa figura pato/lebre. Nela se veem tanto um pato como uma lebre, ambos ligados internamente a outros objetos; mas também à *emergência* do próprio aspecto. Outras figuras, como uma cruz preta num círculo formando no fundo uma cruz branca, são igualmente exemplos em que a emergência do aspecto se percebe claramente. Entretanto, não é nem uma percepção nem um juízo — um pensamento —, duas faculdades da alma segundo a tradição. Note-se que os sinais não mais se transformam em símbolos graças a diferenças distintivas na apresentação da referência, como pretende Saussure, nem segundo métodos de projeção diferentes, como ainda pretendia o *Tractatus*. E nada têm a ver com a "*différence*" deleuziana. A visão da emergência do aspecto é um ver peculiaríssimo, que junta ver e perceber, atos que escapam daquelas faculdades tradicionais. Lembre-se, Damon, que também a fenomenologia terminou fazendo uma crítica da percepção. Não é tratando desse ponto que Merleau-Ponty começa sua carreira? Privilegiar na visão a emergência do aspecto não é o primeiro passo para entender a representação fora da relação tradicional entre sujeito e objeto?

A representação nunca vem a ser uma relação linear entre um representante e um representado, mesmo que este seja apenas intencionalmente visado. O representante representa indivíduos que mantêm entre si semelhanças de família que inclusive são reforçadas pelo esforço da representação. O representante eleito não representa igualmente cada um de seus eleitores, mas os reúne em semelhanças de família. Um político é um camaleão, como um sofista, construindo uma unidade ofuscante a partir de sua diversidade. Note-se que Giorgio Agamben,[3] fiel às suas origens fenomenológicas, também salienta que o rosto humano — que não coincide com a face porque é um modo de exposição e cristalização do interno — desenha a abertura do ser humano para o mundo. "Assim, o rosto é, antes de tudo, paixão da revelação, paixão da linguagem."[4] Essa exposição é o lugar da política. Com as modificações devidas, Agamben examina a abertura e a ocultação do Ser heideggeriano acontecendo no rosto. Os animais estão no aberto, mas não pretendem se apropriar dele. "O homem, ao contrário, querendo reconhecer-se — isto é, apropriar-se de sua própria aparência — separa as imagens das coisas, dá a elas um nome. Assim ele transforma o aberto em um mundo, ou seja, no campo de uma luta política sem tréguas. Essa luta, cujo objeto é a verdade, se chama História."[5] Como se percebe, pensar a política como "uma luta sem tréguas" não traz grande novidade, as diferenças se impõem quando se repensam os procedimentos representativos.

Neste meu texto, que há de ser breve, só posso indicar que os fenomenólogos, partindo da própria coisa, tentam capturar a estrutura de um mundo em que os seres humanos, jogando-se no mundo, ancoram-se guardando o Ser pela linguagem. Heidegger espera outro início para uma nova história. Agamben, mais assentado na terra, insiste na aparência que deve então ser mostra-

---

3. Giorgio Agamben, *Meios sem fim: Notas sobre a política*. Belo Horizonte: Autêntica, 2015.
4. Ibid., p. 88.
5. Ibid., p. 89.

da como tal pela política: "a política surge como o vazio comunicativo no qual o rosto humano emerge como tal".[6] A violência vem completar esse vazio. Não é daí que nasce seu encanto pela Revolução?

 A análise lógica, gramatical, segue exatamente o caminho inverso. A análise do verbo "ver" mostra que o visto não se resume numa coleção de entidades, porém ainda captura mudanças de aspectos onde ecoam traços do que chamamos naturalmente de pensar. Esses aspectos não se reúnem num comum, como se um gênero os abraçasse numa totalidade, mas se ligam uns aos outros como os membros de uma família. Como a mudança de aspecto tem uma estrutura parecida com o processo representativo, torna-se possível entender as flutuações do caráter (do rosto) da política como um dos meios mais eficazes para que os políticos se tornem representantes de uma comunidade, que não há de ser marcada por uma determinação comum, por exemplo, ser proletária ou ser capitalista. Cada uma delas captura mudanças de aspectos que a própria estrutura produtiva assume com o andar dos tempos, seja a produtividade do trabalho, sejam as variações tecnológicas do próprio capital.

 Os representantes tanto se unem quanto se atritam segundo semelhanças de família. Por sua vez, um representante também o é em relação a seu partido, assim como a um dos poderes em que está inserido — isso sem falar nos próprios interesses, dentre os quais se inclui a vontade de continuar a ser representante. Tudo isso dá sentido a uma observação de Manin: "Atualmente a estratégia eleitoral dos candidatos e dos partidos repousa sobre a construção de imagens bastante vagas, nas quais as personalidades dos líderes [poderia ser dito, dos representantes dos representantes] ocupam um lugar proeminente, em vez de se apoiar em promes-

---

6. Ibid., p. 91.

sas políticas determinadas".⁷ Pretender coibir essa ambiguidade implica destruir uma democracia de massa, talvez em proveito da ditadura de um partido. Quando um sistema político mostra sua ineficácia, quando impede decisões necessárias ao funcionamento de uma sociedade, ele precisa ser reformado ou substituído. No entanto, é impossível imaginar um sistema político *eficaz* que não seja representativo, porque as ações contemporâneas estão sempre mudando de aspecto.

A democracia moderna se caracteriza pelo predomínio das eleições para o preenchimento de cargos públicos. Mas o que significa aqui "público"? Não basta opor "público" a "privado", pois esses dois termos ganham novas significações no plano da política. Ora, é nesse plano que se tomam decisões que visam ao bem-estar de um povo, inclusive decisões que põem em risco a existência dele. Desse ponto de vista, tais decisões têm no limite a possibilidade da morte dos indivíduos e do próprio Estado, de tal modo que elas logicamente são anteriores a ambos — atingem seus meios de representação. Morte que faz do outro o inimigo radical e que assim o contradiz. Note-se que a própria luta entre pontos de vista absolutamente diferentes coloca os agentes numa contra-dicção, numa contrariedade limítrofe em que os jogos de linguagem entremeados negam essa teia comum, a própria teia da comunidade. Seguem-se revoluções, mas não há por que esperar que tragam a parusia ou a emancipação.

No entanto, ao pensar a política no limite como uma espécie de guerra, cabe levar em conta que as decisões numa democracia contemporânea são tomadas por personagens que se fazem representantes também na medida em que assumem a obrigação de cuidar da reprodução material da população. Isso porque nessas sociedades ocorre uma apropriação privada dos meios de produ-

---

7. Bernard Manin, *Principes du gouvernement représentatif*, op. cit., p. 247.

ção, seja qual for o grau ou a forma em que ela se apresenta. Lembremos que todos os casos de apropriação pelo Estado da maior parte desses meios resultaram em ditadura e crise econômica. Como diria Michel Foucault, estamos sob o domínio de uma biopolítica. Desse modo, o que formalmente é apenas condição material das estruturas estatais se converte num dos núcleos de nossa política. No entanto, essa conjunção entre condição histórica e análise categorial não cria um espaço para uma representação política que apenas se representa como política? Virou banal afirmar que vivemos numa sociedade do espetáculo. Ora, é no espetáculo, no drama, que as significações funcionam como se não sofressem atritos. Quando um ator grita: "Morte ao inimigo!", ninguém acredita que vá matar alguém — o sentido de "matar" foi matizado. Somente para colocar os pés no chão, lembremos que as últimas eleições americanas foram uma grande farsa e ninguém pode assegurar os caminhos que Donald Trump vai imprimir às suas políticas, a não ser esperar que seja de extrema direita. Mas que direita?

Entretanto, se o espetáculo marca as sociedades contemporâneas, também ele não propicia políticas espetaculosas e que assim fujam dos procedimentos representativos eleitorais? Numa sociedade de espetáculos, também a corrupção não precisa ser espetacular? Tanto mais espetacular quanto mais fraca é a sociedade, pois assim agiganta o pouco poder que seu governo possui. Essa não seria uma linha para tentar compreender a Operação Lava Jato, que tanto influencia nossa política atual?

Lembremos alguns de seus traços unicamente para mostrar como hoje são possíveis movimentos políticos que se tornam representativos sem que sejam eleitorais. Se a corrupção é endêmica à política, não é por isso que suas formas são imutáveis. Nos anos de governo Lula/Dilma, ela se tornou condição de governabilidade e assim blindou o combate natural contra ela. Sempre foi difícil investigar e condenar "cidadãos acima de quaisquer suspeitas". Contudo, quando jovens promotores, juízes e até mesmo policiais encontram obstáculos a dificultar o exercício de suas profissões, não porque o suspeito é importante, e sim sobretudo porque podem perturbar a governabilidade, a investigação não se torna política? Não há dúvida de que as regras policiais e jurídicas devem ser cuidadosamente seguidas, mas também que se tornem espetáculos. Não é assim que podem ganhar o grande público e se tornar representativas de seus anseios de justiça jurídica e social? Cai aquele apoio ao governo que "rouba mas faz", substituído pelo anseio de que todo ladrão vá para a cadeia. Por sua vez, a investigação e o processo jurídico se tornam estratégicos na medida em que fatiam o ataque ao sistema corruptor do próprio governo, indo do centro para sua periferia, impedindo assim que uma reação global tenha efeitos deletérios, como aconteceu com a Operação Mãos Limpas, na Itália. O refinamento de nossa operação foi tal que, quando o sistema tenta legislar contra os "exageros dos promotores e juízes", ele se encontra enredado por uma proposta, já existente no Congresso, contra a corrupção do sistema, elaborada pelos "rebeldes" e ainda contando com mais de 2 milhões de assinaturas populares. A Operação Lava Jato e suas subsidiárias costuram um processo político que se torna representativo graças a seu enorme apoio, sem que esteja submetido ao processo eleitoral.

III

Se, no texto, me reporto a certos autores que importam para nosso pensamento político atual, não é para examinar suas teorias elas próprias, mas tão só para, por intermédio delas, questionar o sentido que atribuem a um sistema político, dizendo brevemente, à *polis*. Por isso desde logo digo que este meu escrito é mais intervenção do que análise do político como tal. E se parto do decisionismo de Schmitt, logo saltando para um respiro crítico em Heidegger, não estou colocando os dois pensadores num mesmo plano. Isso seria impossível, pois, se Schmitt parte da contradição política para chegar ao povo, pelo menos o primeiro Heidegger caminha do povo para a política. Apesar dessa diferença, o processo de decisão é pensado da mesma maneira, como um piscar de olho (*Augenblick*) que reúne o que tem sido e o futuro numa institucionalização que serve de base para as lutas políticas. Como pensar essas lutas sem ter no horizonte a possibilidade de que desandem numa guerra, quando a contrariedade entre os agentes chega ao limite em que um elimina o outro, contradizendo-o a tal ponto que desapareçam as condições de um discurso aglutinante?

É por isso que me reporto aos contratualistas, Hobbes e Rousseau, apenas para indicar que esse contrato é, em última instância, articulado pelos tribunais, os únicos que suspendem o conflito, por agentes representantes que têm em comum uma vontade institucionalizada. Como se constitui, porém, esse comum? Vejamos como Foucault trata desse problema, sempre se aproximando de Nietzsche ou de Heidegger conforme lhe convém — aliás como todos nós fazemos. Quando trata de política, minha dificuldade é entender como passa do heterogêneo e da diferença para a norma, e o que entende por norma. No *Nascimento da biopolítica*, Foucault compara sua "lógica da estratégia" à "lógica dialética". Esta, segundo ele, joga com "termos contraditórios, fazendo-os valer no elemento do homogêneo que promete sua resolução em uma unidade"; aquela lida com "termos disparatados", não com "contraditórios", e a lógica é então "lógica da conexão do heterogêneo", sem homogeneização, os termos permanecendo "disparatados". O que significa essa "lógica", quando tanto a lógica formal como os conceitos universais da lógica sociológica ou de outras ciências sociais foram postos de lado? Damon me acusa de encontrar nesses confrontos disparatados sempre uma contradição. Embora não pense o homogêneo tomando como paradigma o conceito hegeliano, a dificuldade é entender como ambos, esse homogêneo e o disparatado, possuem cada um sua lógica e como em cada uma pode se configurar um contra-dizer.

Partindo da decisão teórica e metodológica de *supor* que os universais não existem, Foucault pergunta então aos historiadores como podem eles trabalhar. A partir daí, no caso do Estado, ele descobre, num período determinado, a emergência de certo tipo de *racionalidade* que permite regular a maneira de governar qualquer coisa que chamamos de Estado e que, em relação a essa prática *raisonée* de governo, vem a ser um dado, pois não se governará a não ser um Estado que se dá já estando aí, mas que, além do mais, continua a ser construído. O Estado vem a ser ao mesmo tempo aquilo que existe, porém que não existe ainda o bastante. E logo adiante explicita: "O Estado é aquilo que é dado; a *ratio* governamental é o que permitirá, de maneira refletida, raciocinada (*raisonnée*), calculada, fazê-lo passar a seu máximo de ser".[8] Note-se quanto a esse "fazê-lo passar a seu máximo de ser": Heidegger simplesmente diria que ele se essencializa, vem a ser; para Nietzsche, ele desenvolve sua vontade de potência. No curso de lógica como essência da linguagem — que se entenda, a essencialização da linguagem que cria a lógica —, Heidegger simplesmente faz nascer o Estado da prática linguística de um povo; Foucault, da prática *raisonnée* de governar. Como Heidegger junta o ser ao nada, ele poderia reconhecer que nessa prática poderia haver contradições. O que eu gostaria de acrescentar? Simplesmente que essas práticas de governar, por serem raciocinantes, estão lidando com diferenças que, no limite, podem chegar à contra-dição da

---

8. Michel Foucault, *Naissance de la biopolitique*, op. cit., p. 6.

guerra. E isso as determina. Creio que seria conveniente, para entender a política em geral, nas suas mais diversas práticas, partir desse momento revolucionário, quando os atores se dispõem a sacrificar a própria vida para poderem continuar a viver como querem. É quando se contra-dizem até a morte. Por certo a política não será a mesma na Grécia, no papado da Idade Média e, em particular, nos tempos de hoje, quando a guerra, como já indicava Carl Schmitt, se transforma em guerrilha e passa a permear a vida cotidiana. Apenas estou sustentando que os atores, em vez de tratarem simplesmente de solidificar suas instituições para atingir o máximo de seu ser, passam a defender um modo de vida enfrentando o risco de serem mortos. Nada mais faço do que pensar tais práticas *raisonées* como discursos não verbais levados ao limite.

Evitando ligar essas práticas racionais ao ser, simplesmente as tomo como jogos de linguagem, isto é, práticas regradas que conferem à ação uma bipolaridade inserida numa situação em que um comum sustenta os dois polos como condição de possibilidade. Mesmo em guerra, os indígenas estão habitando a floresta, assim como na guerrilha ambos os lados usam armas semelhantes, alimentam-se de produtos que muitas vezes provêm das mesmas fontes, e assim por diante. Por certo de modos muito diferentes, mas diferenças em geral refluem para um comum. Nos dias de hoje, os diferentes jogos políticos nacionais e internacionais supõem que a produção da riqueza social seja reproduzida no regime capitalista mais ou menos controlado. Todas as tentativas revolucionárias de comprimir esse mercado de forma estabanada — por exemplo, a "nova matriz econômica" do lulopetismo — resultaram em crise econômica. Enfrentamos assim mais uma contradição, agora não na história categorial, no plano dos meios de apresentação da prática *raisonnée*, mas na história de seu vir a ser, nas idas e vindas de sua constituição. Isso já nos indica que história categorial e história do vir a ser se cruzam a todo momento.

Aqui entramos num debate que dura há anos. Não estou imaginando uma humanidade mínima quando, suponhamos, um religioso tenta converter um selvagem. Esse religioso não está distinguindo o racional do razoável, porque essa distinção não tem sentido quando a lógica formal se transformou numa disciplina matemática como outra qualquer. Daí, se uso a palavra "racional" e no seu sentido mais amplo, é também para lembrar que essa questão muito deve a Kant. Os agentes se encontram nos limites das respectivas linguagens e tecem um jogo comum. Se um aponta para um galho e diz "cucu" e o outro "babu", não estão se reportando a um objeto fora de qualquer linguagem. Podem aproximar os sentidos de cada palavra, juntam-nos para indicar um objeto, nunca, porém, para os identificar. A *Überredung*, a persuasão, consiste no ir além da linguagem prática de cada um, formando novos jogos de linguagem, novos ajuizamentos sem que por isso se possa estar seguro de que ambos os atores estejam falando a mesma língua, menos ainda que estejam delineando uma ontologia comum. Apontar para certas coisas presentes, fazer junto, brigar ou rir junto não implica pular para a prática linguística do outro, mas cada um, do respectivo ponto de vista, começa a entender e a aceitar os comportamentos significativos do outro. Inclusive nesse plano se tornam significativos certos comportamentos corporais elementares. Lembremos ainda que, como muito bem assinalou o antropólogo Eduardo Viveiro de Castro ao estudar índios do Amazonas, o outro pode simplesmente arredondar sua identidade a partir de seu interlocutor. Nesse plano não existe propriamente um "si mesmo". No plano da política, já que a morte do outro implica o fim da política, é natural que ambos também tratem de limitar a guerra, transformando o inimigo em adversário. Não é por isso que o inimigo será transformado em amigo do peito, nem que esteja supondo uma humanidade mínima.

Essa decisão não se dá nem no nível do ser nem no das próprias práticas, mas nos comportamentos de recuo até as condições materiais de existência de tais práticas. Nos dias de hoje, nem sempre sabemos como sustentar práticas que venham a combater desigualdades sociais, inclusive aquelas que o próprio capitalismo cria, sem saber como nos meter na contradição de querer tanto a igualdade social assim como certas fontes que produzem as desigualdades. Conviver com essa contra-dicção implica simplesmente considerar que os lados, embora levando em conta a possibilidade efetiva de se afastarem, necessitam para sobreviver encontrar formas instáveis de convivência. Isso retira o caráter absoluto da revolução, sua capacidade de instalar uma nova história que emancipe os homens de seus males materiais e os purifique de suas cascas ideológicas. Somente assim se evita que a prática política no limite seja um elefante numa loja de louças ou se transforme numa religião. Se esse posicionamento pode ser dito social-democrata, não é por isso que estou endossando as práticas desse ou daquele partido existente, mas apenas lembrando certas situações críticas da República de Weimar.

Finalmente devo reforçar minha crítica a Agamben. A Revolução, se suspende o Estado de direito, não suspende inteiramente o Direito. Algumas partes da norma escrita são suprimidas ou reformuladas, outras continuam em funcionamento. Obviamente liberdades políticas fundamentais são suprimidas, mas sempre existem fissuras por onde a luta por princípios continua. Se nossos Atos Institucionais alteraram certas partes de nosso Direito, até mesmo o processual, é para tornar crime atos que consideramos meritórios. O que me parece indevido é imaginar que todo o sistema das normas jurídicas possa caminhar no fio da navalha entre o justo e o injusto. Não estou negando a necessidade nem mesmo a justiça de certos atos revolucionários. No entanto, uma norma de justiça mais cristalina pode se converter num instrumento de opressão se um feixe de sentidos confusos nela imergir. A liberdade é uma constante luta contra a ossificação dos sentidos e das ações; renovação, porém, que afeta tanto cada norma na sua bipolaridade como aquelas margens significativas e práticas que permitem o funcionamento do jogo dos valores, tendo sempre o cuidado de não tomar essas margens como transcendentais que fugissem dos combates da vida.

Se me aproximo de Hegel e de Marx quando tomam a sociedade civil (a sociedade capitalista) fornecendo a matriz do Estado, não é por isso que o Estado nasce dela. Uma ou outra forma de produção mercantil tem sido indispensável para que uma sociedade moderna sobreviva conservando o Estado de direito. Essa não é uma das pautas sobre as quais direitas e esquerdas se dividem? Essa matriz se torna objeto da política na medida em que sua estrutura lógica demanda o controle das condições materiais da reprodução da *polis* tão logo o ato de trabalho esteja desligado de suas condições de efetivação. Assim, *polis* junta Estado e governo, um sendo condição do outro sem nunca poderem se identificar, mas igualmente criando conflitos conforme os grupos sociais se situam diante das desigualdades e igualdades produzidas. Não há Estado sem governo no sentido amplo de feixe de poder, cujas desigualdades se acompanham de sensos e dissensos. Embora reconheça enorme autonomia dos sistemas políticos, na atualidade, eles não podem deixar de se ocupar da reprodução material do povo. E o êxito dessa ocupação, para manter ou suprimir igualdades e desigualdades, depende do conhecimento cuidadoso do funcionamento do capital contemporâneo. Muito me surpreende que esquerdistas que se julgam na ultraesquerda, aqueles que ainda acreditam ser possível a abolição do mercado e da produção capitalista, continuem cegos às novas formas do capital de hoje, intrinsecamente ligadas ao desenvolvimento tecnológico, à produção de novos conhecimentos, subordinadas a um extraordinário império do capital financeiro que tanto se globaliza quanto se particulariza. Além disso, continuam a falar de "trabalhadores" como se fossem operários, quando a maioria dos empregos se encontra nos setores de serviço, que, se não me engano, em geral não produzem mais-valia. É essa falta de atenção para com os dados do presente — para recriá-lo ou para reformá-lo — que cobro das esquerdas tradicionais, atenção que implica levar em conta os dados das ciências, tanto aqueles disponíveis como aqueles que devem ser produzidos pela própria crítica de esquerda. Ninguém está pensando aqui numa ciência virginal, como me censura Damon, tão só não vejo como vem a ser possível uma política econômica sem levar em conta o debate entre os economistas, esquerda e direita repensando esses dados de seus pontos de vista. É contrassenso afirmar que minha posição "social-democrata" implica combinar "plano e mercado" do ponto de vista da ciência: "A ciência marxista (ou melhor, giannottiana) deve mostrar a contradição profunda e a contradição 'travada'. A ciência positiva deve mostrar os caminhos da racionalização, isto é, de como enfrentar e superar as 'crises'. [...] Assim, em sua política, nem há organização de trabalhadores, nem revolução. Há, sim, 'ciência' e, como seu legítimo representante, o 'quadro', aquele que deve reparar as 'crises'". Não confundo a política com um congresso científico. A política é luta, ação que reúne e desune, mas que requer desde o início o conhecimento do terreno e do potencial dos antagonistas. Conhecimento, por sua vez, que, ao escapar dos limites da ciência, também cuide do terreno dito monopolar onde a guerra se instala. Uma vez que a luta e os acertos políticos são forçados a cuidar da constituição e sobrevivência de seu povo, a política se sobredetermina como biopolítica ou economia política. Esta explicita tanto os fetiches que atingem o sistema produtivo como suas condições de possibilidades conhecidas no presente. Por isso, aqueles que fazem política tendo em vista as deformações do capital precisam *conhecer* como hoje funciona esse capital, assim como a situação daqueles atualmente explorados. E se acreditasse que a política somente deveria se nutrir de dados científicos, estaria perdendo meu tempo e meu senso tratando de detectar as contradições do modo de produção capitalista e os fetiches que o animam. Se o capital sempre se assenta criando desigualdades, não o faz do mesmo modo. E, ainda que a atual luta só se resumisse entre exploradores e explorados, ela só se tornaria política se conhecesse tanto seus limites atuais como as ilusões necessárias que a sustentam. E desde logo sou obrigado a reconhecer: 1) que, desde a Revolução de Outubro, toda vez que se tentou um ajuste entre produção e demanda extrapolando as regras básicas de um mercado, essa política resultou em miséria e repressão; 2) que o discurso das esquerdas atuais desenha um capitalismo que nada tem a ver com o atual. Convém não se esquecer da crítica de Rosa Luxemburgo a seus companheiros: que faziam política tendo apenas lido o primeiro volume de *O capital*. E, se me volto para os escritos de Marx, é porque a política, além de levar em conta dados científicos, carece da análise lógica das ilusões que o próprio capital fomenta, para que seu exercício crítico não se limite a condená-lo no abstrato, condenação que deve também ser um modo de vida capaz de lidar com o consumismo e as mais diversas vias de destruir o mundo. Noutras palavras, no fundo estou procurando aquela inversão da lógica hegeliana, que Marx também procurou, mas deixando de lado a *Ciência da lógica* para que possa pensar além da predicação e de uma ontologia, apenas do social, delineada no entanto por práticas sociais que se fazem bipolares abrindo um recuo e apontando para situações prático-lógicas que, quando ditas, o são por proposições monopolares. Assim, posso denunciar o fetichismo da mercadoria e do capital em vez de, simplesmente, sair combatendo os males da "sociedade" contemporânea. E isso não tem nada de wittgensteiniano.

Reconhecer a necessidade da intervenção do Estado na economia não significa, porém, que esteja pensando num capitalismo de Estado, como se tais recursos pudessem ainda ser pensados como capital, no sentido marxiano. Quando digo que no capitalismo moderno as contradições se travam, na medida em que a mais-valia passa a depender do desenvolvimento tecnológico que nunca se espraia igualmente por todo o sistema, não é por isso que passe a acreditar que o "capital estatal" cedeu lugar, nos termos de Rúrion Melo, "à dinâmica explosiva dos mercados nacionais e internacionais". Pelo contrário, essa dinâmica introduz a política no seio da produção capitalista e vice-versa. E, como a contradição passa a ter sentido próprio conforme funciona como jogo de linguagem, é a própria contradição política que precisa ser especificada.

9. Tréplica a Giannotti

Luiz Damon Santos Moutinho

Gentilmente, Giannotti opôs alguns argumentos à crítica que eu fizera a sua política, em particular àquela de *A política no limite do pensar*. Teço aqui breves considerações sobre essa réplica.

Vale notar mais uma vez que a prodigiosa aventura intelectual de Giannotti, das mais ricas entre nós, tem como núcleo aquilo que ele apresenta como uma dificuldade de Marx, uma dificuldade de ordem lógica. A uma primeira alternativa a essa dificuldade, marcada por sua proximidade com a fenomenologia, segue-se outra, de parto difícil, cuja referência é Wittgenstein, o "segundo" Wittgenstein. Vem daí a fecunda noção de jogo de linguagem, que será para Giannotti uma verdadeira arma de combate e ao mesmo tempo de forte autocrítica.

Esse percurso não implica um abandono do marxismo, pelo menos do projeto de traçar a gênese categorial do sistema capitalista de produção. Mas esse sistema será agora tomado como um jogo de linguagem não verbal, ou, mais precisamente, como um lógos prático. Giannotti pretende assim conservar o essencial, que o preserva de um cientificismo ingênuo: o lógos dá conta de mostrar o modo de constituição dos elementos do sistema em um processo reflexionante que se repõe a si mesmo. É daí que se vai ressaltar a alienação como constitutiva do sistema. Disso, Giannotti não abre mão, e é a isso que ele chama, aqui tomado de modo genérico, "certa herança marxista". Ora, ocorre que essa gênese vai mostrar os limites da dialética, certas "travações" que impedem a contradição de ir ao limite e, assim, implodir o sistema. Nada disso, por certo, como ele insiste na réplica, está em Wittgenstein: a contradição da medida, a alienação do processo, o bloqueio que trava a contradição, a emergência da crise. Giannotti é cioso dessa herança, e, se ela não pode mais ditar uma política — que seria a política revolucionária —, é ainda a condição para compreender a sociabilidade capitalista. Que política pode então se ligar a esse sistema flexível, plástico, cujas contradições se travam e impedem sua implosão? Desse pequeno e denso livro concluí que a política de Giannotti é em verdade uma negação da política — isso em virtude de como o juízo político ali se forma, limitado por uma lógica social sem alternativa e se legitimando por uma "cientificidade" que não é mais dialética, mas positiva: a da economia. Dada a referência marxiana, Giannotti replica vigorosamente que essa conclusão é um "contrassenso". E ele teria razão, sem dúvida, em rejeitá-la, se essa conclusão não explicitasse como a sua política vai se delineando. É isso que tem de ser esclarecido.

Por certo, em sua réplica, Giannotti precisa alguns pontos: não há "continuidade" entre as contradições do modo de produção capitalista e o sistema político, lembra ele; ambos se afirmam como diferentes jogos de linguagem. Isso permite a Giannotti reconhecer "autonomia" à política, ainda que — e essa observação é carregada de consequências — a política tenha que se "ocupar diretamente da reprodução material do povo"; é essa ocupação que Giannotti denomina, retomando o termo foucaultiano, a nossa contemporânea "biopolítica". E, para pensar a política, ele mobiliza a contradição, o conflito entre amigos e inimigos, à maneira de Schmitt, mas com uma particularidade que faz toda a diferença: a contradição política schmittiana só faz sentido entre Estados, algo como um permanente estado de natureza entre eles; no interior de cada sociedade, é preciso anular o conflito, ou seja, despolitizar a sociedade. E se, no interior dela, uma disputa chegar ao grau de antagonismo político, então é a guerra civil, e nova unidade se constitui: a própria decisão extrema implica novo soberano. Ora, Giannotti introduz a contradição *no interior* de um "sistema político", o que, por um lado, parece repor a politização que Schmitt havia excluído do sistema, mas, por outro lado, essa contradição não pode ser "exercitada", ela não vai até a ruptura, pois, nesse caso, adverte Giannotti, o "real" é "destruído". Mas de que "real" fala Giannotti? Nem mais, nem menos do que daquele de que a política deve justamente se ocupar e zelar: o sistema de reprodução material. Daí por que a politização introduzida por ele encontre um claro limite: aquela necessária administração do sistema de "reprodução material do povo".

Verdade que, agora — o que não havia sido feito no texto original —, Giannotti introduz o elemento político desse sistema relativamente autônomo: a *representação*. Não há sistema político moderno sem representação; toda tentativa de recusá-la, todo ensaio de "democracia direta", desandou em desastre e totalitarismo. A novidade da réplica de Giannotti é expor sua tese da representação a partir de seu modelo lógico. A representação vem a ser um laço entre um representante e representados à maneira de uma amostra de vermelho que, enquanto amostra, mantém relações internas com outros objetos vermelhos; do mesmo modo, os representados são reunidos em "semelhanças de família". Nesse modelo, a classe se fluidifica, se dispersa em "semelhanças"; mais que isso, simplesmente não há representação de classe, da mesma maneira que, no sistema social, não há classes (operária, burguesa). Às mudanças de aspecto da lógica social vão corresponder "flutuações" na política.

Ora, se as "semelhanças", por um lado, abrem a possibilidade de pensar a não "linearidade", a não continuidade entre o social e o político — solução que a classe, justamente, contestaria —, por outro, o leitor não pode deixar de cobrar de Giannotti a qualificação dessa "semelhança": um interesse comum, ainda que não de classe?, um simples processo de identificação? Mais ainda: a representação legitima o processo social? Giannotti não diz. Ele pode evitar a questão?

Poderia, se sua representação tivesse os poderes da representação clássica. Em breve passagem, ele lembra que a representação "reforça", em sentido inverso, as semelhanças. Com efeito, não é esse, afinal, um dos segredos da representação clássica? Afinal, já ali se reconhecia que não há, na origem, um povo, um *demos* que se faz representado; há, isso sim, uma dispersão de indivíduos, com interesses diversos, particulares, que, apenas uma vez constituído o soberano, se faz povo, unidade, conservando entre si, por consequência disso, apenas e tão somente relações externas, isto é, interesses privados. Ora, a representação de Giannotti não pode ir tão longe: ele não pode reconhecer esse caráter constitutivo da representação, consubstanciado na figura do soberano; isso seria reconhecer a origem política da sociedade, retomar o contrato etc.

Por outro lado, ele rejeita a alternativa liberal, aquela que, no limite, confia à economia a solução do problema político e, assim, torna o problema da representação uma questão meramente técnica e funcional. Giannotti não pode então dissolver a questão da representação esvaziando-a de conteúdo político. Afinal — ele insiste em sua réplica —, é preciso que o Estado intervenha na economia, é preciso, portanto, que a política administre o sistema de produção material, o que, precisamente, é uma solução não liberal.

Assim, parece que permanecemos em nossa dificuldade: se a teoria da representação veio para resolver a política de Giannotti, harmonizando o sistema político e o sistema de produção material, sem tornar aquele plenamente autônomo e sem dissolvê-lo neste, nós permanecemos, como dizem os franceses, *sur la faim*, pois desconhecemos a extensão e o conteúdo da representação giannottiana.

Mas, afinal, Giannotti *pode* resolver os problemas de sua política? Parece-nos que não. Na crítica a Agamben, isso se mostra com mais clareza. É bastante significativo que Giannotti ignore o problema do Estado de exceção, pois ele levanta uma questão que o interessa muito de perto: o da constituição da regra. No modelo schmittiano, não há reflexividade, essencial a Giannotti; ao contrário, há uma decisão soberana que dita a regra. Benjamin e Agamben agravam o problema: a regra nem mesmo é constituída, ainda que na forma autoritária schmittiana; ela é devorada pela exceção na medida em que o estado de exceção se torna — é a convicção de Agamben — paradigma de governo. Ora, se Giannotti não pode aceitar nem mesmo as premissas que levam a essa conclusão radical, é porque desde o início ele vincula a regra ao caso em processo reflexionante, isto é, em relação interna. Em réplica a minhas observações, Giannotti vai mais longe: uma suspensão de um Estado de direito nunca é uma suspensão de todo o Direito, diz ele. Nesse caso, uma ditadura não será jamais a instalação do Absoluto, ela não será jamais suficientemente ditadura: se "liberdades políticas fundamentais são coibidas", "sempre existem fissuras por onde a luta por princípios continua". Ora, o que é isso senão o bloqueio da questão política, senão a recusa em formular um juízo eminentemente político? Parece-nos que em Giannotti não há por onde um juízo político formar-se politicamente. Enquanto Schmitt e Agamben pensam no registro político (Agamben faz a crítica do direito para abrir, à sua maneira, a questão política), Giannotti procura alhures a *medida do político*. E ele não a encontra justamente ali, naquele sistema que a política deve administrar? O bloqueio da questão política vai de par com o imperativo da lógica social, que é a lógica da reprodução do capital. Essa insistência na lógica, diga-se de passagem, prolonga um fascínio que vem do próprio Marx, um fascínio pela cientificidade, mas agora reaclimatada à nova configuração inexpugnável do capital e suas novas categorias. O apelo à economia, cujo rigor epistemológico está por ser provado, por paradoxal que pareça, vem dessa mesma exigência de conhecer a lógica do sistema e suas contradições, evitando assim, crê Giannotti, "tentativas estabanadas" que, em nome de igualdade e justiça, produzem fome e miséria. Só que, dessa vez, no lugar de revolução, adaptação.

Essa conclusão, contudo, não é excessiva? Conduzir a questão política da ditadura para a lógica social não significa, a fortiori, omitir aquela. Minha conclusão parece operar em termos absolutos, opondo a Giannotti um jogo de tudo ou nada, enquanto ele, ao contrário, pensa em perspectivas. Não deveríamos observar a lição de Merleau-Ponty de que nunca estamos inteiramente condenados, nunca inteiramente livres? Assim, mesmo numa ditadura, haverá sempre fissuras por onde introduzir resistências, até que um novo jogo se estabeleça. Invertendo o ponto de vista, pode-se perguntar: não é minha objeção que ignora a lógica social, arrisca separar o político do econômico, e, no limite, arrisca fazer da insurreição a única alternativa política contra um sistema opressivo, que é justamente o ponto contra o qual Giannotti insiste? Não é afinal a insurreição apenas uma variante da política, e uma variante autoritária, precisamente porque ignora a contradição? E, inversamente, não é a contradição, não a hegeliana, mas a "contradição renovadora", a versão eminentemente democrática da contradição? Afinal, ela não visa mais à superação, ela apenas repõe novas contradições, novas categorias, novos jogos de linguagem. Não se trata, assim, Giannotti pode responder com toda a segurança, de adaptação, mas de reparação continuada do sistema a cada nova crise. Penso que ele se incline decisivamente por essa interpretação e que nisso ele aposte todas as suas fichas. Minha crítica, no entanto, não consiste apenas em apontar que a matriz da contradição é pensada *a partir* da lógica do sistema de produção. Se fosse isso, a réplica de Giannotti a anularia. Consiste ainda em notar que, se Giannotti a pensa no horizonte da política, esta é logo esvaziada de conteúdos. Não à toa nenhum conteúdo político sobrevive ao seu procedimento crítico: um a um, soberania popular, resistência, direito, poder, crítica da violência, todos são dissolvidos perante a poderosa lógica da produção. O que resta, por exemplo, da relação amigo-inimigo, a partir da qual ele se propõe pensar a política? Em Schmitt, essa relação não se funda em nenhum conteúdo, econômico, religioso etc. É antes um grau de antagonismo: uma disputa econômica *pode* vir a tornar-se política, e ela se torna política se o novo agrupamento assim formado dispuser da soberania da decisão extrema. Ora, essa alternativa está bloqueada em Giannotti, pois a contradição não vai ao limite. Ele afirma em sua réplica reconhecer enorme autonomia à política. Essa observação é importante, mas por onde ele poderia introduzi-la na doutrina? Giannotti não explica e penso que *não poderia* fazê-lo. Ele tem razão em fazer a crítica do totalitarismo e da democracia direta, sem a mediação da representação. Vale, porém, perguntar: *em nome de que ele critica o totalitarismo?* Fome e miséria não seriam verossímeis. "Humanitarismo"? À parte restringir-se à moral, isso ainda não alcançaria o núcleo do sistema, pois o totalitarismo é um fenômeno eminentemente político, e apenas critérios políticos permitem fazer essa crítica. Já é uma enorme vantagem que Giannotti faça a crítica do totalitarismo — uma extrema esquerda cega para a política nem sequer o considera como tal. No entanto, Giannotti parece desarmado para fazê-la porque a única política que lhe resta é a política de administração de um sistema que produz riqueza e miséria — e é a isso que chamo a negação da política. Daí por que a inimizade se torne, nele, meramente privada. Evidentemente, não é a luta até a morte que a torna política, e sim seu caráter público. Os rivais de Giannotti são homens em luta apenas pela repartição da riqueza.

Para reconhecer legitimidade ao político, Giannotti precisaria reconhecer a exploração de classe e a produção de mais-valia para além da lógica das categorias e pensá-las como formas de dominação política. Isso abre um horizonte novo e permitiria avaliar, por exemplo, em outro nível, as atuais crises de desmonte do Estado de Bem-Estar ou de ataques a Constituições nacionais, seguidos de "desinstitucionalizações", se vistos no quadro da dominação do capital financeiro, estruturalmente desempregador. Sem o horizonte político, só mesmo um otimismo lógico pode pretender reparações — e que seriam essas reparações sem a crítica da dominação, da violência, do poder? O que é afinal a democracia giannottiana? Para pensá-la, creio que Giannotti teria que abandonar o império da lógica da produção — o que não significa, nem de longe, afastá-la, mas pensar o vínculo entre o político e o econômico que não seja a subsunção daquele a este. Isso implica certas transformações, como faz Lefort, por exemplo, que inverte a tese marxista da emergência do Estado moderno a partir das revoluções burguesas do século XVIII e mostra essa emergência lá nos séculos XV e XVI, quando os Estados nacionais unificam relações de vassalagem e criam condições para a implantação do capitalismo. Aqui, efetivamente, se abre um horizonte político.

Mas, talvez, a maior dificuldade da política de Giannotti advenha de sua tese geral sobre o "comum". Estou de acordo com a ideia mais ampla que norteia sua política e que poderia ser formulada assim: *os limites da política não são políticos*. Giannotti vai encontrar esses limites no sistema de produção de riqueza, que se afirma como o nosso "comum"; não é verdade, afinal, que não resta um mísero recanto do mundo que não seja tomado pela lógica capitalista da produção, aí incluídos China, Cuba? Como se constitui o "comum"? É porque o ignora que Foucault pode cometer o disparate de falar em "termos disparatados": há algo de abusivo em sua "suposição" de que os universais não existam, de que há apenas "termos disparatados" em luta. Se põe a luta no centro da sociabilidade, ele o faz a partir de certa "lógica da estratégia" cujo termo não poderá ser outro que uma insurreição, não uma revolução, como pretende o modelo dialético, mas uma insurreição romântica, algo *desconectado* da lógica social, aquela lógica que implica uma regra diante da qual tais comportamentos são adequados ou não, se socializam ou não. Quer dizer, nenhuma prática deixa de estar inserida em um comum. Para indígenas em guerra, por exemplo, a floresta é o comum. O nosso comum é a economia capitalista. O ponto sensível da tese de Giannotti reside no modo como ele afirma esse comum. Mesmo no encontro entre o missionário e o ameríndio, um comum se tece e um novo jogo de linguagem se afirma. Por isso, a "persuasão" não é violência, não é dominação, é antes ajuste de diferentes jogos tornado possível pelo... pelo quê, afinal? Por "princípios fundamentais": são eles que perfazem o "horizonte da persuasão" (*Apresentação do mundo*, p. 254), são eles que tornam possíveis o "entendimento" e a "aceitação" dos "comportamentos significativos do outro". Ora, toda a dificuldade dessa tese reside no inescapável "universalismo" que — já o debate com Agamben deixa entrever — pode encobrir uma violência bruta, como o foi a "persuasão" missionária dos nativos ameríndios, uma prova de força de exércitos armados até os dentes de canhões e de uma mitologia expansionista. Isso nos condena a uma irremediável pluralidade de jogos e formas de vida? Também não. Mas não há encontro com outrem, com uma alteridade radical, sem a *perda de si*, sem a *despossessão de si*, para usar a linguagem de Merleau-Ponty: é quando sou de tal modo envolvido por outrem, é quando *me torno* aquele que escuto, que há comunicação. É da crítica de si mesmo, de sua própria "cultura", de sua mitologia, que um horizonte comum pode se abrir, não do engate de diferentes mitologias. *Só se pode afirmar o universalismo sobre os escombros da particularidade. Quanto ao "universalismo" da "persuasão", ele apenas esconde a dominação do mais forte.*

10. *E la nave va*

José Arthur Giannotti

Quase sempre uma discussão termina quando se torna mais interessante. Por isso mesmo prenuncia caminhos a serem descobertos. Damon me soca tentando me jogar contra as cordas. Mas o espaço de minha luta é flexível. Quando afirmo que toda política contemporânea há de considerar como a riqueza social se reproduz, apenas estou lembrando que a política da representação começa por aí. Seria bobagem negar outras formas de violência. Não há dúvida de que um Estado de exceção produz violências impensadas, porém sempre encontrando formas que são outros jogos de linguagem. A prática política, se não quiser se afundar no imaginário, precisa levar em conta dados científicos, inclusive aqueles fornecidos pela ciência política. Apenas procuro sustentar o princípio de que o nervo da política está além das ciências, implicando uma luta que tem a morte no horizonte. Não há dúvida de que há momentos em que a Revolução se torna indispensável. Minha primeira preocupação é não a pensar como um corte radical na história. A passagem de uma época para outra, assim o creio, se faz por uma rede de caminhos. A vontade popular se desenha à medida que o próprio povo — um conceito político — se configura. Por isso desconfio da proposta de Revolução que tenha o caráter da vinda do Cristo, mesmo que a parúsia deva ser pensada a partir da Epístola aos tessalônicos, como menciona Agamben no seu livro *Meios sem fim*. E se minha nave encalha quando topo com Agamben, é porque ele me aparece como o perigo mais perigoso daquela prática revolucionária que transforma o adversário no dono da exceção.

Luiz Damon me obrigou a sair das minhas reflexões lógico-metafísicas e repensar minhas considerações sobre a política como um caso de nosso esforço de fazer filosofia com os pés no chão. Por isso, devo muito lhe agradecer esse esforço de repescar alguém que se dizia um filósofo municipal, mas atualmente, com a vulgarização do nome "filósofo", se contenta em ser apenas um professor sem alunos.

Apêndice: Contra-dicção

Não seria a contradição inerente à política? Para defender essa tese, preciso de um conceito de contradição mais amplo do que aquele configurado pela lógica formal. Todos conhecemos o princípio da contradição, que diz ser impossível afirmar de uma proposição sua verdade e sua falsidade. O cálculo proposicional formula essa impossibilidade como a negação de p e não p: $\sim(p$ e $\sim p)$ — desde que as proposições simbolizadas pela variável p e por sua negação $\sim p$ digam respeito ao que é ou ao que foi. Desde o *De Interpretatione* de Aristóteles, a contradição envolve uma questão modal, a diferença entre o possível e o impossível ligada à temporalidade: nesse caso, a contradição não pode ser afirmada de algo ao mesmo tempo.

No cálculo proposicional, que combina as proposições unicamente segundo seus valores de verdade, a contradição junta duas sentenças de tal modo que essa conjunção é sempre falsa para qualquer um dos valores de p e $\sim p$. Por isso é desprovida de sentido, por não poder ser verdadeira ou falsa. Depois que se desencantou do cálculo proposicional e abandonou a tese central do *Tractatus*, que considerava a proposição como figuração (*Bild*) de um estado de coisa (a contradição estando, pois, impedida de afigurar), Wittgenstein passa a atribuir à contradição novo papel. Desde logo porque uma proposição somente tem sentido no contexto de um jogo de linguagem. Se várias palavras e até mesmo signos não verbais se juntam para, reguladamente, apresentar certos estados de coisa, certos casos, de maneira correta ou incorreta, isso apenas se efetua porque esses signos estão sendo usados em obediência a determinadas regras, com vistas a obter certos resultados. Desse modo, a bipolaridade do falso e do verdadeiro se diversifica conforme se arma a oposição entre seguir a regra de maneira adequada ou não.

A linguagem é como uma caixa de ferramentas que servem a vários propósitos. Nessas condições, o conceito de negação ganha sentido conforme funciona num determinado jogo: "A negação, poderíamos dizer, é um gesto que exclui, que rejeita. Mas empregamos tal gesto em casos muito diferentes".[1] Se a linguagem pode ser lida com símbolos não simplesmente formais, ligados e separados entre si, a negação não se resume a uma substituição do sinal V por F ou vice-versa, apenas invertendo o sentido da sentença, mas passa a ser uma forma de ação ligada a um modo de dizer. Varia, pois, segundo a diversidade dessas ações sendo ditas, isto é, segundo práticas que se tramam discursivamente. Está muito longe, portanto, de uma negatividade legada ao ser, que, ao se dar, também se esconde, como pretende Heidegger, ou da negatividade hegeliana, que carrega uma atividade própria e uma positividade. Já no início da *Ciência da lógica* ela aparece como determinidade (*Bestimmtheit*) mais simples do próprio ser, mas imediata, equivalente ao nada, e, por isso mesmo, porque já é na-

---

1. Ludwig Wittgenstein, *Philosophische Untersuchungen*. Frankfurt: Suhrkamp, 1960, p. 550.

dificando-se, carrega em si um devir que resulta em devir visando algo, por conseguinte, uma determinação (*Bestimmung*) que afigura um destino.

No entanto, a análise gramatical de Wittgenstein configura os objetos ditos, em última instância, como pertencendo ao mundo. O exercício negador se diferencia em cada jogo de linguagem, sem que haja um jogo superior, um gênero supremo que compreenda os outros como se fossem suas espécies. A unidade é formada pela trama dos próprios jogos ligados por semelhanças de família e das ações que os transformam em partidas. Essas junções diferenciadoras estão centrifugando situações lógicas indubitáveis, que vêm a ser expressas por proposições monopolares. Não é nelas que o discurso vem a se fundar? "Fundar" não no sentido tradicional de dar razões, mas simplesmente no de amparar, deixar que o discurso caminhe adiante. A dúvida abre espaço para a negação, cujo sentido somente se conforma se houver situações inquestionáveis que se expressam por sentenças indubitáveis. Cada jogo é dominado por uma gramática, mais ou menos aberta, mais ou menos determinada, que regula as diversificadas ações expressivas dos seres humanos em dados momentos de sua história. Na trama dessas ações, o modo de ser dos objetos se articula e se apresenta: "Que espécie de objeto uma coisa é, é dito pela gramática".[2] Se até mesmo a objetividade de Deus é dita por uma gramática, a teologia, por que não esperarmos que a gramática da política venha nos dizer o que é uma ação política? Platão nos ensinou que o sofista se apresenta como um camaleão ligado ao não ser. E se ele vier a ser numa contradição? Não estaria se aproximando do político que tem no horizonte de sua ação a luta entres amigos contra os inimigos?

Voltemos, entretanto, ao conceito de contradição reformula-

---

2. Ibid., p. 373.

do por Wittgenstein. Num de seus últimos escritos, ele anota: "A lógica aristotélica marca a contradição como uma não proposição, que deve ser excluída da linguagem. Essa lógica, porém, trata apenas de uma pequena região da lógica de nossa linguagem. (É como se o primeiro sistema da geometria tivesse sido uma trigonometria; e como se acreditássemos agora que a trigonometria é a base fundamental, e até mesmo talvez toda a geometria.)"[3]

Para entender o alcance de toda essa crítica, convém, ainda que brevemente, situá-la no seu contexto. Cabe lembrar que os conceitos da lógica formal nascem de um processo muito peculiar de transformação. A lógica dos predicados costuma substituir qualquer sentença do tipo "Sócrates é filósofo" por "f(a)"; "f" indicando o predicado e "a", um indivíduo que pertence a um domínio indicado pela variável "x" da função f(x). Embora no novo cálculo uma função possa ter diversas variáveis, como no caso das relações, todas as sentenças verificacionais continuam a ter a mesma forma lógica. A partir da função e de suas variáveis é possível quantificá-las, conforme o objeto indicado acontece algumas vezes ou todas. Essa passagem sem fissuras do múltiplo particular para um universal é herança da lógica aristotélica e, no fundo, baseia-se num pressuposto muito peculiar: "O que acontece muitas vezes poderia acontecer sempre [E o filósofo Wittgenstein pergunta:] — Que espécie de frase seria essa? Uma semelhante a esta: Se 'F(a)' tem sentido, então '(x)F(x)' tem sentido".[4] A formalização por fim pressupõe essa continuidade entre a regra e o caso, entre a essência e o ente, este sendo reduzido a seu fenômeno. Não é assim que se passa do mundo sublunar para o mundo das ideias? Note-se que qualquer relação entre a regra e o caso, e vice-versa, que mobilizar apenas a bipolaridade das proposições

---

3. Id., *Últimos escritos sobre a filosofia da psicologia*. Lisboa: Fundação Calouste Gulbenkian, p. 152.
4. Ibid., p. 345.

termina num universal abstraído do tempo. Esse vício atinge qualquer processo reflexionante, inclusive o juízo reflexionante kantiano, que salta dos casos para a regra mediante o papel unificador do eu transcendental, uma potência fora da linguagem.

Não há razão alguma para supor que esse processo de formalização sempre valha para a análise lógica do discurso cotidiano. Se descartarmos qualquer intervenção divina na captura do sentido de uma palavra, este somente pode ser configurado no modo pelo qual ela se junta com outras e se distingue delas no seu uso. Nesse uso ela não pode funcionar sozinha, porquanto o uso há de ser adequado ou inadequado ao que se está querendo dizer. Isso Platão e, particularmente, Aristóteles já o sabiam. Para eles, cada palavra ganha sentido na proposição conforme se junta ou separa de outras mediante a cópula "é". Mas eles pressupuseram que a matriz de qualquer proposição fosse a proposição asseverativa, apofântica, que, mediante sua verdade e/ou sua falsidade possíveis, apresenta ou não algo como algo; na linguagem moderna, um estado de coisa.

Esse pressuposto é quebrado por Wittgenstein. Retirando a tralha ontológica da predicação, esta lhe parece como um método projetando diferentes figuras de um plano A para outro plano B, mas de tal modo que as diversas figuras de A passam a ser expressas unicamente por círculos. O método é correto, mas pouco se sabe de A se examinarmos apenas B. Abandonando a predicação, Wittgenstein precisa examinar como as palavras se juntam em situações muito simples de convivência humana. Por exemplo, na intimidade de seu escritório um deputado trata de "banana" um colega de quem não gosta. Ao perguntar a um de seus auxiliares "Como a banana está hoje?", este não vai à copa examinar as bananas a serem servidas no lanche. Formou-se um significado secundário da palavra, embora apenas inteligível para um grupo de pessoas.

As palavras ganham, pois, sentido no entremear de jogos de linguagem, cada jogo sendo regulado por regras que, por sua vez, se exprimem mediante a suposição da existência de termos, coisas e situações indubitáveis. Não é tão só a bipolaridade do correto ou do incorreto, do adequado ou do inadequado, em suma, do verdadeiro e do falso, que define a proposição. Na medida em que essas regras de uso vêm a ser formuladas, elas precisam ser ditas de modo a não comportar, na situação do jogo, nenhuma dúvida. As proposições *ganham sentido* conforme se tornam bipolares em vista de certas situações discursivas sobre as quais não cabe duvidar — estas são ditas por sentenças monopolares. O falar uma língua pode ser comparado ao ato de girar uma bola. Na rotação criam-se dois polos imóveis e círculos em que um ponto determinado está sempre mudando de lugar. Contudo, uma vez formados, esses polos permanecem como ações padronizadas a regular a vida em comum.

Uma expressão falada, além de estar regida pelas regras que a tornam correta do ponto de vista da língua culta, obedece a outras regras que asseguram seu sentido em determinados esquemas de seu uso. Cabe não confundir a gramática da língua portuguesa, por exemplo, com a gramática filosófica, que considera a linguagem em geral. Esta formula certas regras que determinam frases como corretas ou incorretas em certas situações. São regras aprendidas, como as de toda gramática, embora nunca se possa ter a certeza de que o aprendiz vá cumpri-las do mesmo modo que os outros e para sempre. É inevitável que seguir uma regra incorpore doses de indeterminação, cujas diferenças se revelam ou se ocultam conforme as contingências de sua aplicação. Por isso, ao seguir uma regra, o agente não chega ao caso mediante uma intuição, mas convém dizer que "é necessário em cada ponto como uma nova decisão (*Entscheidung*)".[5] Um ato parecido à de-

---

5. Ibid., p. 186.

cisão, mas que não se confunde com ela, porque toda linguagem depende de um acordo entre os falantes que julgam o caso, sem que este se realize de fato. Quem segue uma regra está sempre cobrindo uma indeterminação.

Por sua vez, os falantes, cujos critérios de identificação são os mais diversos,[6] são determinados pelo uso dessa linguagem, cujos movimentos apresentam como pano de fundo situações lógicas indubitáveis, condições para que todos possam agir de forma convergente. Seguir uma regra cristaliza instituições que possuem no horizonte uma forma de vida. Algumas certezas "fundam" minhas ações. Mas esse fundamento perde o sentido moderno de algo que se dá, se evidencia, por si mesmo. Se duvidar de que agora estou sentado diante de meu computador, não há mais critério para separar proposições dubitáveis de proposições indubitáveis. No cotidiano, se alguém diz "dói" dificilmente vamos duvidar de que está sofrendo. E as crianças em geral apreendem a palavra "dói" quando lhes ensinam que ela pode substituir um grito de dor. Nesse caso, primeiro vem a ação e depois a palavra, que no fundo é uma exteriorização (*Äusserung*). No entanto, essa ação fundadora não aparece como fundando a própria linguagem? A análise lógica dependeria do processo evolutivo do ser humano?

Pertence à lógica tudo o que descreve os jogos de linguagem. O modo pelo qual em geral se aprende a palavra "dor", e todas as expressões similares, responde pelo sentido da palavra "dor" cercado de segura certeza. A ação primordial, no sentido de Goethe, que Wittgenstein atribui aos fundamentos da linguagem, ganha esse papel unicamente como o fator que confere indubitabilidade à frase, dá sentido a essa indubitabilidade. Por isso é que a palavra "exteriorização" passa a ser empregada a casos que nunca poderiam ser reportados a um comportamento espontâneo. Por exem-

---

6. Ibid., p. 404.

plo, se disser: "Naturalmente eu sei que isto é uma toalha", estou exteriorizando-me diante de uma situação que não carece de verificação. Externo uma situação. Logo adiante o texto explicita que esse agarrar imediato, em vez de consistir num saber, corresponde a uma segurança (*Sicherheit*). A ação criadora está ligada a um asseguramento, não ao modo pelo qual foi obtida. Não se aprende a dizer que se sabe que isso é uma toalha substituindo o gesto de apanhá-la pelas palavras que a família ensina. Conforme se analise a linguagem, ela tende a escapar dela mesma, mas não vai além dessa tendência, que é uma de suas características.

Nisso ela desenha uma imagem do mundo (*Weltbild*) que toda comunidade linguística há de ter como pano de fundo de suas ações. Não tem fissuras. Está aí como a vida. Mas a imagem do mundo (*Weltbild*) pressuposta não se confunde com as formas de vida (*Lebensformen*), os modos vitais de agir que asseguram o seguir de uma regra. Por isso *Lebensform* e *Weltbild* não devem ser confundidos com o mundo da vida (*Lebenswelt*), conceito fenomenológico que designa um mundo em que as ações e o falar se enraízam antes do próprio falar, tramados por relações antepredicativas, ainda consideradas como a trama mais aparente da linguagem. A imagem do mundo e a forma de vida constituem um conceito lógico necessário para que se compreenda como as regras de uma linguagem são seguidas, panorama projetado pelo uso das palavras. A forma de vida transita nesse falar como um fio vermelho ligando as decisões. Uma forma de vida não pode ser colonizada.

No seu funcionamento, um jogo de linguagem, ou uma trama deles, marca seus limites. Ao chegar a um país cuja língua desconheço, procuro me comunicar com os nativos mediante gestos, apontando para certos objetos de uso comum. Reporto-me a fatos muitos simples que em geral servem de base para a vida coletiva. Porém, quando começam a servir ao diálogo, esses fatos passam a ser vistos a partir da linguagem que estamos formando, cada pessoa privilegiando neles certos aspectos. Quando fico doente, procuro um médico, meu vizinho procura um feiticeiro. Numa disputa com ele, posso lhe dar toda sorte de razões para justificar minha conduta; ele se defenderá como puder. "Disse que 'combateria' o outro — mas não lhe daria razões (*Gründe*). Por certo que sim, mas até onde elas alcançam? No fim das razões fica a persuasão (*Überredung*). (Pense no que acontece quando missionários convertem nativos.)"[7] Aqui o sentido de "persuasão" invoca a composição da palavra alemã: um discurso (*Rede*) que vai além (*über*). Quando não há mais razões que os interlocutores podem trocar entre si, se quiserem continuar a conversa, tentam então persuadir, passar por cima do discurso estabelecido. Mesmo quando aponto para fatos muito simples conhecidos por todos, continuo a dar razões. E se pretendo continuar a me fazer entender, tento persuadir meu interlocutor com gestos de simpatia, criando entre nós uma tonalidade afetiva que permita um novo entendimento. No entanto isso pode falhar, quando, por exemplo, perdemos todos os pontos de referência que possam nos valer. Suponhamos que alguém duvidasse até mesmo do nome com que ele próprio se apresentara. Estaria sendo contradito por todos os lados e, nesse caso, faltam fundamentos para meus juízos. Está se contradizendo, no seu sentido mais amplo.

Num sistema formal, uma contradição simplesmente enuncia uma proposição cuja estrutura é (p e $\sim p$). Nada significa, mas indica que o raciocínio não pode seguir adiante, visto que tudo pode ser deduzido de uma contradição. Outros caminhos precisam ser encontrados. Numa linguagem cotidiana, vista como trama de jogos de linguagem, ela impede a ação: "A contradição im-

---

7. Ibid., p. 612.

pede-me de chegar a agir num jogo de linguagem".[8] A lógica formal clássica trata de evitar uma contradição, contudo, se estivermos no plano dos jogos de linguagem, cabe perguntar: "O que devemos fazer se chegamos a uma contradição?".[9] Cuidar para sair dela. Não cabe tratá-la como um fantasma amedrontador. Pelo contrário, pode nos servir de alerta para prosseguir adiante: "A contradição poderia ser apreendida como um sinal dos deuses para que eu devesse agir e não refletir (*überlegen*)".[10] A contra-dicção, em determinadas circunstâncias de desajuste, barra o diálogo, mas também pode nos incentivar a que passemos adiante e, sem mesmo refletir, tentar uma abertura para a comunicação com os outros. Certas contra-dicções podem colocar em xeque nossas formas de vida. Diante dessa ameaça que pode abrir a perspectiva da morte e da guerra, não é o caso de agir? Simplesmente matando o contra-dictor? Seria essa a ação mais adequada? Ora, desde que se pergunte pela adequação, já se está operando num jogo de linguagem em que há ações *julgadas* adequadas, outras *julgadas* inadequadas e situações lógicas indubitáveis que, quando ditas, o são por proposições monopolares. Noutras palavras, o novo jogo requer o aprendizado de novas técnicas e com elas novas formas de julgar: "O que se aprende não é uma técnica, aprendem-se juízos corretos".[11]

Por mais distante que o contra-dictor se situe, por mais inimigo que ele se mostre, o locutor e o contraditor já estão se vendo como seres humanos, por mais que um considere o outro degenerado. E por isso têm à disposição fatos comuns muito gerais e que podem ser mobilizados para entrarem numa relação simbólica de

---

8. Id., *Zettel: Schriften, Band 5*. Frankfurt: Suhrkamp, 1982, p. 685.
9. Ibid., p. 688.
10. Id., *Bemerkungen über die Grundlagen der Mathematik: Werkausgabe, Band 6*. Frankfurt: Suhrkamp, 1974, p. 254.
11. Id., *Philosophische Untersuchungen*, op. cit., p. 345.

persuasão ou de agressão. Por certo, a nova ação é uma decisão, uma *Entscheidung*, a separação de dois domínios, no entanto, na medida em que ela já se move num plano simbólico, articulando movimentos ditos bipolares ou monopolares, ela coloca a questão de como lidar adequadamente, na situação dada, com o contra--dictor. Basta configurá-lo como inimigo? O que fazer com ele? Em determinadas situações, ele não se torna necessário?

ESTA OBRA FOI COMPOSTA EM MINION PELO ACQUA ESTÚDIO E IMPRESSA PELA RR DONNELLEY EM OFSETE SOBRE PAPEL PÓLEN BOLD DA SUZANO PAPEL E CELULOSE PARA A EDITORA SCHWARCZ EM AGOSTO DE 2017

A marca FSC® é a garantia de que a madeira utilizada na fabricação do papel deste livro provém de florestas que foram gerenciadas de maneira ambientalmente correta, socialmente justa e economicamente viável, além de outras fontes de origem controlada.